Timeu e Crítias ou A Atlântida

O livro é a porta que se abre para a realização do homem.

Jair Lot Vieira

PLATÃO

Timeu e Crítias ou a Atlântida

Tradução, texto introdutório e notas
Edson Bini

edipro

Copyright da tradução e desta edição © 2012 by Edipro Edições Profissionais Ltda.

Todos os direitos reservados. Nenhuma parte deste livro poderá ser reproduzida ou transmitida de qualquer forma ou por quaisquer meios, eletrônicos ou mecânicos, incluindo fotocópia, gravação ou qualquer sistema de armazenamento e recuperação de informações, sem permissão por escrito do editor.

Grafia conforme o novo Acordo Ortográfico da Língua Portuguesa.

1ª edição, 1ª reimpressão 2020.

Editores: Jair Lot Vieira e Maíra Lot Vieira Micales
Produção editorial: Murilo Oliveira de Castro Coelho
Assessor editorial: Flávio Ramalho
Tradução, textos adicionais e notas: Edson Bini
Revisão: Ana Lúcia Sant'Anna Lopes
Arte: Karina Tenório, Mariana Zago e Danielle Mariotin

Dados Internacionais de Catalogação na Publicação (CIP)
(Câmara Brasileira do Livro, SP, Brasil)

Platão (427?-347? a.C.)
    Timeu e Crítias ou a Atlântida / Platão ; texto introdutório sobre Atlântida Edson Bini. – São Paulo : Edipro, 2012.
(Série Clássicos Edipro)

Título original: ΤΙΜΑΙΟΣ ΚΡΙΤΙΑΣ

ISBN 978-85-7283-799-6

1. Filosofia antiga I. Bini, Edson. II. Título. III. Título: Atlântida. IV. Série.

11-13728   CDD-184

Índices para catálogo sistemático:
1. Filosofia platônica : 184
2. Platão : Filosofia : 184

São Paulo: (11) 3107-4788 • Bauru: (14) 3234-4121
www.edipro.com.br • edipro@edipro.com.br
@editoraedipro   @editoraedipro

Sumário

Platão e a Atlântida

· 7 ·

Timeu

Apresentação

· 19 ·

Crítias

Apresentação

· 159 ·

Platão e a Atlântida

A palavra grega μυθος (*mythos*) possui amplitude semântica e carga conceitual diversificada. No sentido primordial e mais amplo significa *palavra expressa, palavra proferida*. Genericamente significa *palavra* ou *discurso*, o que a avizinha de um dos sentidos de uma outra palavra grega importantíssima, λογος (*logos*). Como que se irradiando do sentido primordial e do genérico, esse termo detém as acepções mais elaboradas e restritas de *narrativa* (*relato*) e *diálogo*, e mais restritamente, *diálogo filosófico*. Paralelamente, apresenta acepções bastante específicas e correntes, embora sempre sediadas no fundo discursivo, linguístico e comunicativo, tais como *mensagem, notícia*, ou mesmo *rumor*, além de *prescrição* (*ordem*), *conselho, projeto, deliberação, resolução*.

Evidentemente, as palavras, uma vez que a linguagem não é imutável e estática, mas mutável e dinâmica, evoluem, transformam-se e acumulam sentidos no tempo. A obra do maior dos poetas helênicos, Homero (nascido por volta do século IX a.C.) fecundará e conceberá novos sentidos para o termo *mythos*, quais sejam, *lenda, fábula* (ou seja, nosso sentido moderno e contemporâneo de mito), afastando e mesmo opondo *mythos* a *logos*, isto é, contrapondo o discurso fantasioso e a narrativa fabulosa ao discurso filosófico e à narrativa histórica, a sugerir uma fronteira mais ou menos nítida entre mitologia e história e entre mitologia e filosofia. Entender-se-ia, uma vez estabelecida essa fronteira, um discurso mítico (fabuloso), não racional e não histórico, e o discurso racional e histórico, a ser empregado nos domínios da história e da filosofia. Essa mútua exclusão e oposição entre *mythos* e *logos* chega, mesmo, a aproximar e identificar o *mythos* com o *pseydos*, que significa falsidade, erro, mentira, em contraposição a *aletheia*, verdade. Esta última concepção, extremamente ortodoxa e racionalista, escamoteia o próprio caráter interpretativo do mito, na medida em que reduz tanto sua forma quanto seu conteúdo não só ao irracional, como ao falso e ao enganoso.

A considerarmos que a civilização e cultura gregas clássicas tiveram sua origem por volta do século IX a.C. (com Homero – autor da *Ilíada* e da *Odisseia*, e cerca de um século depois com Hesíodo de Ascra, autor da Teogonia, ou seja, o relato da gênese dos titãs e deuses pré-olímpicos), é possível para a ciência oficial e ortodoxa sustentar que a história da civilização e cultura gregas clássicas e sua manifestação ocorreram cronologicamente a partir de um período mítico (que teria durado cerca de três séculos), o qual foi substituído e superado mediante uma ruptura por um novo período (aí pelo século VI a.C.), o histórico, que se identifica com o discurso racional e marca o nascimento da filosofia.

Dois termos e conceitos-chaves, a nos expressarmos linguisticamente, representam essa oposição, substituição e superação: precisamente *mythos* e *logos*, o segundo tendo prevalecido sobre o primeiro.

A primeira crítica a essa teoria ortodoxa e racionalista é a seguinte: mesmo admitindo esse *salto* não só quantitativo como *qualitativo*, em que teria ocorrido a queda do mítico a favor do surgimento e ascensão do histórico/filosófico que o nega, substitui e supera, pergunta-se: de que forma ocorreu tal fenômeno?... uma vez que se a transformação não ocorreu gradativamente (devido à incompatibilidade das naturezas do mítico e do histórico/filosófico), mas por ruptura, espera-se ter para isso uma explicação mais ou menos precisa e não imprecisa do processo de ruptura. Por outro lado, onde termina o mito e principia a história? Onde finda a narrativa fabulosa e inicia-se o discurso filosófico?

Talvez o discurso mítico não seja, ainda que fantasioso (a palavra grega φαντασια [*fantasia*] significa primordialmente *imaginação*), irracional e enganoso, mas apenas, intencionalmente ou não, obscuro e velado. Hoje são muitos os que reconhecem que os mitos ocultam verdades.

Sem ingressarmos aqui, em absoluto, no âmbito do ocultismo, permanecendo cuidadosamente naquele das ciências humanas capitaneadas pela filosofia, entendemos que no *desenvolvimento* (conceito que não rejeitamos) do antigo mundo grego não é possível estabelecer nitidamente uma linha divisória entre mito e história, mito e razão, mito e filosofia, e um processo de cisão entre o primeiro e as segundas, a se somarem a um juízo de valor imperativo, de que uma idade da razão superou não só cronologicamente, mas também qualitativamente uma idade do mito.

Rejeitando a teoria que se apoia nas noções de negação, mútua exclusão, oposição e superação e substituição do mito, derrubado e sucedido pela razão, cremos sim é numa combinação harmoniosa e reciprocamente complementar entre mito e razão.

Para essa nossa posição, encontramos respaldo num dos maiores filósofos gregos: Platão.

Em vários diálogos de Platão, ele alterna "discurso racional" e "discurso mítico", ou mesmo remata a exposição de suas doutrinas com o discurso mítico. É o que ocorre, por exemplo, em perfeita solução de continuidade, em *A República*, em *As Leis*, no *Protágoras*, em *O Banquete* e no *Fédon*.

Entretanto, provavelmente em função do desfecho abrupto do *Crítias*, o recurso de Platão ao mito no *Timeu* e nesse mesmo *Crí-*

tias não nos parece, embora formalmente inserido com maestria na exposição filosófica, claramente revelador de suas reais intenções.

O mito da Atlântida é insinuado por Platão, pela boca de Crítias, pela primeira vez no início do *Timeu* (20d-e, pg. 28). Sócrates proferira um longo discurso no dia anterior, ou melhor, havia sido o porta-voz de Platão junto aos interlocutores da concepção desse último de um Estado ideal. Costuma-se identificar esse "discurso de Sócrates" pontualmente com *A República*. Todavia, os interlocutores de Sócrates em *A República* não correspondem nominalmente a Crítias, a Hermócrates, a Timeu... e a um quarto interlocutor que não comparece no encontro do dia seguinte.

Essa questão específica não nos interessa aqui.

Fora combinado entre os *cinco* no dia anterior que Sócrates, em reconhecimento pelo discurso que proferira, seria brindado no dia seguinte com um discurso de tema livre de cada um dos quatro interlocutores.

O tema livre parece ensejar, no caso de Crítias, a contribuição com um discurso *mítico* na sequência do extensíssimo "discurso racional e científico" de Timeu sobre a gênese do universo e a formação e natureza do ser humano, tal como declara Crítias, no *Timeu*, 27a-b, pg. 40: "...tomando dele [Timeu] a humanidade como se já gerada por seu discurso e de ti [Sócrates] um certo número de indivíduos humanos que receberam uma educação superior..." [alusão ao discurso de Sócrates em *A República*].

Crítias fornece no *Timeu* um intróito ("versão concisa") de uma história, narrativa (Platão escreve ...λογου... [*logoy*] e não ...μυθου... [*mythoy*] !) que "... a despeito de ser considerada estranha, é, no entanto, inteiramente verdadeira, segundo declarou numa ocasião Sólon,..." (*Timeu*, 20d-e, pg. 28). A referência explícita à ilha da Atlântida só aparece em 25a, pg. 37.

Em 26c-d, pg. 39, Crítias diz: "... estou pronto agora para narrar minha história, não apenas numa versão concisa, mas com todos os detalhes, tal como a ouvi...". Ele, Crítias, a ouvira de seu avô Crítias, quando tinha cerca de dez anos e o avô perto de noventa. Principiará o relato dessa história no diálogo de Platão que ostenta seu nome (*Crítias*) e que, muito lamentavelmente, como sabemos, sofre uma abrupta interrupção! Em nenhuma outra obra de Platão, este sequer menciona o "mito da Atlântida", ou, para sermos mais exatos, a "Atlântida", já que para Crítias, articulador do pensamento de Platão, trata-se da história, ou seja, narrativa histórica (*logos* e não *mythos*) de uma ilha, continente e civilização que *realmente existiram*.

Como explicado em *Crítias*, 114a-b, pg. 176, a palavra *Atlântida* (nome da imensa ilha), em grego Ατλαντις, Ατλαντιδος (*Atlantis, Atlantidos*), que significa etimológica e literalmente *filha* de Atlas, deriva de Ατλας, Ατλαντος (*Atlas, Atlantos*), nome tanto do titã pré-olímpico quanto do rei dessa ilha; o termo Ατλαντικος (η, ον) [*Atlantikos*], por sua vez, adjetivo referente ao substantivo Atlas, denota tanto as colunas de Héracles (estreito de Gibraltar) quanto o mar (oceano) Atlântico. No caso do nome da ilha, existe também a forma Ατλαντιας, Ατλαντιαδος (*Atlantias, Atlantiados*). Fora do contexto linguístico do *Timeu* e do *Crítias*, há ainda o vocábulo Ατλαντες (ων) [*Atlantes*], que designa "as populações de Atlas" na *Líbia*, palavra com a qual os antigos gregos denominavam o continente africano.

Mas afinal o que pretenderia Platão fazendo ingressar o tema da Atlântida em sua exposição doutrinária após o vasto, veemente e "científico" discurso de Timeu, tendo como objeto a geração do universo (κοσμογονια [*kosmogonia*]) e a formação e natureza do *ser humano* (ανθρωπος [*anthropos*])?

Levantamos nesta oportunidade basicamente duas hipóteses.

Na primeira, a resposta a essa questão afigurar-se-ia, à primeira vista, fácil e simples: apesar de suas reservas, Crítias dispõe-se a relatar, e começa efetivamente relatar, segundo ele, uma história *verdadeira*, o que autorizaria, a julgarmos Crítias, do prisma literário, um personagem de Platão, que este último tinha a Atlântida como uma realidade histórica que sobrevivera até cerca de nove milênios (*Crítias*, 108e, pg. 165) antes da Atenas contemporânea de Sócrates, Platão e Crítias (século IV a.c.), facultando-lhe apreciá-la e estudá-la, inclusive, na sua discussão filosófica, como fato histórico e não mito no sentido desta palavra de lenda ou fábula.

Obviamente, essa resposta à questão é simplista e superficial.

Platão, diferentemente de outros grandes filósofos, expôs suas doutrinas empregando a forma e estrutura discursivas da literatura. Muito atipicamente, entretanto, a maioria de seus "personagens" não são fictícios, mas figuras históricas, isso a começar pelo próprio Sócrates.

Poder-se-ia contra-argumentar que, apesar disso, o Sócrates, o Protágoras, o Alcibíades, o Aristófanes, e tantos outros, dos diálogos de Platão, são moldados por Platão como lhe apraz, não saindo do controle do autor e não correspondendo às personalidades históricas. Aliás, no tocante a muitas dessas personalidades (como Sócrates e Protágoras), não sabemos como eram, a rigor, suas personalidades e o que exatamente pensavam – "conhecemo-las" fundamentalmente através do próprio Platão. Os dados reais e históricos acerca delas são escassos e dúbios. Exemplo transparente: conhecemos muito mais o Sócrates platônico do que o Sócrates histórico.

Ora, essencialmente o mesmo aplica-se a Crítias.

Independentemente das fontes ocultistas, sabemos já há algum tempo que Platão visitou a Sicília e o Egito. A origem do "mito da Atlântida" é visivelmente o antigo Egito, segundo o próprio Platão. No Egito, em contato com os sacerdotes e hierofantes e iniciado nos mistérios, o mestre da Academia poderia ter colhido o "mito" por transmissão oral esotérica, ou mesmo exotericamente descoberto a realidade de uma civilização que efetivamente existira... Talvez Platão e outros sábios de sua época (século IV a.C.) estivessem cientes de muitas coisas que nós, modernos e contemporâneos, em pleno século XXI d.C., desconhecemos...

De nossa parte, se fossemos absolutamente céticos em relação à Atlântida, como tantos estudiosos, arqueólogos e historiadores ortodoxos, não estaríamos sequer escrevendo este texto, por mais despretensioso que seja. As inúmeras pesquisas e sondagens realizadas ao longo dos quase 24 séculos que nos separam de Platão em busca de restos de uma ilha e civilização submersas nas profundezas do Atlântico, por mais infrutíferas e frustradas que tenham se revelado, não provam cabal, taxativa e definitivamente que essa ilha e civilização não existiram.

Mas esse não é propriamente o objeto de nossas considerações aqui.

A segunda hipótese, em direta e franca oposição à primeira, sugeriria um mero artifício literário de Platão na exposição de suas ideias filosóficas, nesse caso especificamente seu pensamento político.

No *Timeu*, e mais extensiva e substancialmente no inacabado *Crítias*, sempre através de Crítias, Platão classifica e descreve as principais instituições políticas dos antigos atenienses que haviam guerreado bravamente contra a poderosa Atlântida, como muito semelhantes, ou mesmo idênticas àquelas descritas por ele em *A República*. Não estaria Platão, ao utilizar indiretamente uma fábula do antigo Egito (que inclui a Atlântida) tentando conferir credibilidade e caráter de exequibilidade às suas concepções de um Estado ideal? Ou, favorecendo o outro pólo, não estaria ele procurando um antecedente histórico, numa Atenas arcaica, para respaldo de seu ideal político?

Conhecemos, na contramão disso, suas tentativas frustradas de concretizar o governo ideal exposto minuciosamente em *A República*, em Siracusa, na Sicília, na corte de Dionísio, o Jovem, com o apoio de Dion (ver Platão, *Cartas e Epigramas*).

A propósito, esse discurso sobre a Atenas arcaica e a Atlântida nos lábios do jovem Crítias, provavelmente o mais vocacionado e bem sucedido político entre todos os discípulos de Sócrates (Crítias permaneceu à frente dos Trinta Tiranos entre 404 e 403 a.C.) pareceria, sem dúvida, mais atraente e muito mais convincente do que nos lábios de Sócrates, decerto sábio, porém certamente indiferente e mesmo desinteressado em relação a cargos políticos.

A suspensão prematura e abrupta, em meio a um período, do *Crítias*, contribui visceralmente para nos mergulhar num mistério e dificuldade no que respeita à relação de Platão com o tema da Atlântida. Já na primeira edição das Obras Completas de Platão de que temos noticia, a de Trasilo de Alexandria, do início do século I, o *Crítias* aparece tal como o vemos hoje, a indicar não uma mutilação ou perda de parte ou partes de um suposto diálogo integral, mas um quase incompreensível encerramento brusco... como se fosse uma morte súbita de um ser vivo inteiramente saudável e vigoroso.

O insólito disso ganha maior dimensão ao constatarmos que se trata do *único* dialogo de Platão, ou a ele atribuído, entre os quarenta e dois, que finda truncada e abruptamente...

Como afirmamos anteriormente, em nenhuma de suas outras obras Platão alude à Atlântida. Contudo, a conexão do *Crítias* com *As Leis* (o mais extenso e maduro dos diálogos de Platão, embora inacabado – aliás, os dois únicos diálogos inacabados são precisamente o *Crítias* e *As Leis*) é bastante perceptível do ponto de vista do conteúdo.

Nessa conexão perpassam, sobretudo, três ideias, a saber, (1) a de que a humanidade foi remota e inicialmente governada e cuidada por titãs ou deuses (a analogia de Platão sendo, inclusive, a de que cuidavam de nós como cuidamos de rebanhos de animais), (2) a da inevitável corrupção moral e espiritual do ser humano e (3) a da ocorrência de vários dilúvios (κατακλυσμοι [*kataklysmoi*[).

Em *As Leis*, Livro III, 677a, quando o Ateniense indaga a Clínias de Creta e a Megilo da Lacedemônia se lhes parece que as *antigas tradições encerram alguma verdade*, eles perguntam: "...Quais?...", ao que o primeiro responde: "...Aquela segundo a qual o mundo dos seres humanos foi diversas vezes destruído por dilúvios, pragas e muitos outros flagelos, de tal modo que apenas uma pequena porção da espécie humana sobreviveu. ..." No Livro IV, em 713b, lemos o que diz o Ateniense: "...Ótimo! Longas eras antes que existissem até mesmo essas cidades das quais indicamos a formação anteriormente, existia no tempo de Cronos, conta-se, um governo e fundação sumamente prósperos com base nos quais o melhor dos Estados atualmente existentes foi moldado. ..." Platão, assim, alude à tradição que fala da Idade de Cronos (titã pré-olímpico que gerou Zeus e foi por ele destronado), era remota e de felicidade, quando Cronos imperava, inclusive sobre os seres humanos, e delegava o governo das cidades humanas aos *dáimons*. Em 713c lemos: "...Cronos estava ciente de que nenhum ser humano, por sua natureza tem a capacidade de ter controle absoluto de todos os assuntos humanos sem se tornar locupletado de insolência e injustiça;..."

No final do *Crítias*, 121b, pg. 190, é Zeus que se refere à corruptibilidade e corrupção humanas, mas nesse caso, já visando à punição dos seres humanos, o que sugere incisivamente a catástrofe (terremoto e maremoto presumivelmente) que destruiu tanto a Atenas arcaica quanto a Atlântida.

No *Crítias*, os deuses envolvidos com a proteção dos seres humanos na Ática (os remotos atenienses), e que tiveram como seu quinhão precisamente essa região, são Hefaístos e Atena. Quanto à Atlântida, ouçamos Crítias em *Crítias*, 113c, pg. 174: "...Coube a Poseidon a ilha da Atlântida, onde ele instalou os filhos que havia gerado com uma mulher mortal numa região da ilha que me disponho a descrever. ..." Poseidon é o deus olímpico senhor dos mares e dos oceanos, filho de Cronos e irmão de Zeus. O deus que irá punir os seres humanos corruptos (não só atenienses como atlantes) é o olímpico Zeus; em *As Leis*, o titã protetor por uma era inteira de felicidade, prosperidade e justiça (prescindindo, portanto, de aplicar punição aos seres humanos) é Cronos.

Uma outra ideia comum presente no *Crítias* e em *As Leis* é a de uma natureza divina contida na humanidade durante muitas gerações, em função da ascendência e parentesco em relação aos deuses. A corrupção humana começa a nascer e manifesta-se à medida que a natureza humana (misturada à divina) principia a prevalecer sobre a divina. A punição representada pela destruição das civilizações da Atenas arcaica e da Atlântida (ambas anteriormente dotadas dos melhores governos políticos, compatíveis necessariamente com a justiça, a felicidade e a prosperidade) teria sido causada pela corrupção humana.

Por outro lado, acima de todas essas ideias parecem pairar invariavelmente (em *A República*, no *Crítias* e em *As Leis*) os conceitos de Platão da *primeira* ou, ao menos, a *segunda melhor forma de governo político*, associados por ele às instituições que já descrevera em *A República*.

Todas essas ideias em Platão remetem-nos à posição heterodoxa não evolucionista no que toca ao mítico (no sentido da lenda e da tradição) e o histórico e o filosófico, a saber, se a história e a filosofia dão formalmente continuidade no tempo ao mito, isso não significa nem a ruptura da história e a filosofia com o mito, nem a oposição e negação da parte das segundas relativamente ao primeiro, nem a superação e substituição do primeiro pelas segundas, estas sucedendo no seu conteúdo ao primeiro; sustenta-se, diferentemente, um processo assimilatório e acumulativo, no qual mito e história/filosofia no fundo convivem e se completam. Não há como estabelecer um ponto cronologicamente definido no desenvolvimento da civilização e da cultura helênicas em que se perceba rigorosamente onde termina o mito e começa a história. A descoberta no século XIX das ruínas de Troia na Ásia Menor pelo arqueólogo alemão Heinrich Schliemann é fortemente ilustrativa dessa concepção: Schliemann, em meio às chacotas de seus colegas acadêmicos, baseou-se fundamentalmente na *Ilíada* de Homero (o grande poema épico mitológico) para realizar sua descoberta.

É por isso que em Platão (na forma e no conteúdo filosóficos) discurso racional (*logos*) e discurso mítico (*mythos*) alternam-se harmoniosamente, o que incluiria também, naturalmente, o mito da Atlântida.

Nessas sumárias considerações limitamo-nos a suscitar problemas e conjecturas. Não defendemos aqui nenhuma tese pessoal que explique as reais e concretas intenções de Platão ao fazer figurar o tema da Atlântida no *Timeu* e no *Crítias*. Uma tarefa de tal fôlego, profundidade e amplitude requereria o formato de um livro contendo um longo ensaio, e tudo que empreendemos nesta oportunidade foi uma mera introdução a esta edição das traduções do *Timeu* e do *Crítias*.

Finalmente, devemos registrar que, em contraste com o grande número de obras sobre a Atlântida existente na vasta literatura ocultista de todos os tempos, o relato parcial de Platão, tratando nominal e explicitamente do tema, a excetuarmos a fábula *Nova Atlântida* de Francis Bacon, é o único que se conhece em toda a literatura filosófica ocidental, embora autores como Proclo, Diodoro da Sicília e Marcelo mencionem o famoso continente perdido.

Para os céticos, isso, por si só, constitui um argumento contra, e não a favor, da teoria que sustenta que tal ilha, continente e civilização poderosa e grandiosa algum dia existiram.

Platão tornou-se, de qualquer modo, referência obrigatória e comum de dezenas de autores de todo o mundo no curso de muitos séculos.

A polêmica prossegue viva.

Edson Bini

Timeu

Apresentação

O *Timeu*, um dos mais brilhantes e festejados diálogos de Platão, apesar de seu intróito recapitulativo do tema político de *A República*, tem como tema visceral, de excepcional envergadura e profundidade filosóficas, a teoria da formação do universo, incluindo aquela do ser humano.

A partir do *caos* (espaço imenso nebuloso e tenebroso), o *Demiurgo* (que significa Artesão, Artífice) cria o *cosmos* (universo [ou totalidade das coisas] ordenado regido por leis).

O *Demiurgo* (metáfora ou analogia de Platão para a Divindade), tal como um artesão (por exemplo, um construtor que se serve de madeira, pedra, argila etc. para construir uma casa), cria tudo com base nos elementos esparsos do caos, conferindo forma, lei e ordem às coisas, o que resulta no universo ordenado, organizado (cosmos).

A analogia com o artesão, nesse caso, é elástica e cumulativa, isto é, podemos também comparar o Demiurgo com, por exemplo, um outro artesão, o escultor, aquele que molda, modela – segundo uma ideia em seu intelecto – algo com forma ordenada e definida em um (e a partir de um) bloco amorfo e indefinido de mármore ou bronze.

Essa concepção da Divindade criadora, a título de esclarecimento do leitor, contrasta com aquela que nos é familiar, a saber, a da teologia judaico-cristã do Deus, Espírito Supremo Onipotente que cria *ex nihilo*, isto é, a partir do nada...

O extenso discurso principal que constitui o núcleo do *Timeu* é proferido precisamente por Timeu, mestre do que, para os antigos gregos, era uma das matemáticas, nomeadamente a astronomia.

O leitor notará, entretanto, que ainda no início do diálogo, Crítias introduz, através de uma sumária antecipação, o tema de *seu* discurso, este realmente que será de teor político, a suceder o discurso de Timeu e fazer jus ao intróito político do diálogo, onde Sócrates, como bem lembramos, recapitula pontos importantes de *A República*.

Esse tema de Crítias é a tese da existência (ainda que sustentada no tangenciar do mito), num passado a oito ou nove milênios dos gregos de seu tempo (século IV a.C.), de uma Atenas arcaica (regida por uma Constituição muito semelhante à concebida por Platão em *A República*), da Atlântida (grande e evoluída civilização localizada numa imensa ilha do Atlântico) e da ocorrência de uma guerra entre atenienses e atlantes que acaba por dissolver-se na destruição dessas duas civilizações devido a uma catástrofe natural, na qual todos os atenienses daquela remota era perecem, e a ilha da Atlântida é submersa no Atlântico.

O discurso de Crítias principia exatamente no início do diálogo que ostenta seu nome e que é a continuação do *Timeu*.

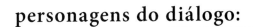

personagens do diálogo:

SÓCRATES, CRÍTIAS, TIMEU, HERMÓCRATES[1]

Sócrates: Um, dois, três... mas onde está, caro Timeu,[2] o quarto de nossos convidados de ontem, nossos anfitriões de hoje?[3]

Timeu: Foi acometido por alguma doença, Sócrates, pois voluntariamente jamais teria faltado ao nosso encontro.

Sócrates: Assim sendo, caberá a ti e aos nossos amigos presentes completar o lugar do ausente, não é mesmo?

Timeu: Com certeza e nos esforçaremos ao máximo para não falharmos. De fato, depois da magnífica acolhida que recebemos de ti ontem, não seria absolutamente justo se nós, ou

---

1. É a ordem que consta no original grego, porém não a ordem de entrada em cena dos interlocutores, que é: Sócrates, Timeu, Hermócrates, Crítias.
2. A existência histórica de Timeu de Locris não é positiva, a maioria dos estudiosos tendendo a considerá-lo provavelmente um personagem fictício. Tudo que se sabe desse personagem é o que consta neste diálogo.
3. Embora haja unanimidade quanto a considerar o *Timeu* a continuação de *A República*, ignoramos a quem Sócrates se refere, mesmo porque os interlocutores de Sócrates em *A República* não correspondem nominalmente aos seus interlocutores *neste* diálogo.

melhor, os três que restaram, não conseguíssemos dar-te em troca cordialmente o entretenimento.

Sócrates: Bem, vos lembrais da extensão e natureza dos assuntos por mim propostos para vossa discussão?

Timeu: Lembramo-nos em parte deles. Quanto ao que esquecemos, estás aqui para nos lembrar, quer dizer, se não for um incômodo para ti fazeres uma breve recapitulação a partir do começo, de modo a fixar esses temas mais firmemente em nossas mentes.

Sócrates: Será feito. Bem, a principal porção do discurso que proferi ontem[4] se referia ao tipo de forma de governo que a mim parecia revelar-se a melhor e ao tipo de homens[5] que faria dela essa melhor forma possível.

Timeu: Sim, Sócrates. E o que descreveste muito satisfez a todos nós.

Sócrates: Não principiamos por separar a classe dos agricultores e todas as outras artes[6] da classe dos que combatem por eles?

Timeu: Sim.

Sócrates: Além disso, quando conforme a natureza, destinamos a cada indivíduo uma ocupação (uma arte) própria e característica, afirmamos que aqueles cujo dever é combater em prol da defesa de todos tinham necessariamente exclusividade como guardiões do Estado, quando ocorresse de qualquer estrangeiro, ou mesmo habitante vir a perturbá-lo; e que deveriam julgar com suavidade aqueles sob sua dire-

---

4. Platão se refere à *República*, de cujos Livros II a V fará uma sumária recapitulação na imediata sequência (*A República* está presente em *Clássicos Edipro*).
5. ...ανδρων... (*andron*), seres humanos do sexo masculino.
6. ...τεχναι... (*tekhnai*), mas entenda-se artífices, artesãos.

ta autoridade, visto estarem a eles vinculados com base na amizade natural, mas agirem com dureza em relação a todos os inimigos encontrados no campo de batalha.

Timeu: Plenamente verdadeiro.

Sócrates: Penso que dissemos que a alma dos guardiões deve ter uma natureza a uma vez resoluta e filosófica no mais elevado grau, de modo a se capacitarem a serem corretamente indulgentes ou duros dependendo de cada situação.

Timeu: Sim.

Sócrates: E quanto à sua educação? Não dissemos que recebiam educação em ginástica, em música e em todas as formas de aprendizado que lhes eram apropriadas?

Timeu: Com toda a certeza.

Sócrates: E suponho que dissemos que aqueles assim educados jamais deveriam considerar como sua propriedade privada o ouro, a prata ou qualquer outra coisa; na condição de auxiliares, que em troca de sua atividade de guardiões recebem daqueles a quem dispensam proteção um salário moderado suficiente a indivíduos de vida moderada, deveriam gastar seus salários em comum, vivendo juntos em comunidade e se devotando continuamente à virtude, estando eles isentos de todas as demais ocupações.

Timeu: Isso igualmente foi dito.

Sócrates: Ademais, no que se refere às mulheres, dissemos, na sequência, que suas naturezas tinham que ser ajustadas à natureza masculina, e que as ocupações destinadas aos homens, tanto ligadas à guerra quanto relativas a outros aspectos da vida, deveriam se estender igualmente às mulheres.

Timeu: Isso também foi ventilado precisamente nesses termos.

Sócrates: E quanto à questão da procriação das crianças? Ou, nesse caso, é fácil a recordação desse tópico por terem sido incomuns nossas propostas? De fato, no que toca a uniões e filhos, determinamos que tudo deveria ser em comum,[7] de forma que ninguém jamais identificaria sua própria descendência particular, todos considerando a todos como familiares: como irmãos e irmãs se de mesma faixa etária; como pais e avós se de idade mais avançada; e como filhos e netos, se de idade ainda mais avançada.

Timeu: Sim, como dizes, isso é de fácil recordação.

Sócrates: E lembramos ter sido dito que visando a tornar suas naturezas tão excelentes quanto possível desde o início, os governantes, homens e mulheres, deveriam organizar casamentos secretamente por sorteio a fim de garantir que homens maus e homens bons seriam, enquanto formando grupos, separadamente unidos a mulheres de natureza semelhante. Não é mesmo? E dissemos que essa organização não permitiria qualquer animosidade ser gerada entre eles, uma vez constatado que as uniões eram devidas à sorte. Não foi isso?

Timeu: Estamos lembrados.

Sócrates: E também vos lembrais que dissemos que os filhos dos bons eram para ser educados, ao passo que os filhos dos maus eram para ser secretamente enviados a outras diversas partes do Estado? E que essas últimas crianças deveriam ser constantemente vigiadas, à medida que crescessem, de modo que aquelas que passassem a ser merecedoras de opor-

---

7. Isto é, os homens não teriam esposas particulares e específicas, estabelecendo-se em lugar disso a comunização das mulheres e das relações sexuais, com total exclusão da monogamia. Consequentemente, os filhos desconheceriam individualmente seus progenitores e estes aos seus filhos. Cf. *A República*, Livro V, 457d e 461d.

tunidade poderiam ser trazidas de volta, permutando seu lugar com as crianças não merecedoras que haviam frustrado a expectativa.

Timeu: Foi o que dissemos.

Sócrates: Podemos agora afirmar que repassamos pelo discurso de ontem, tanto quanto se requer de uma revisão sumária, ou estará faltando algum ponto, meu caro Timeu, que gostaríamos de ver agregado?

Timeu: De modo algum. O discurso de então foi exatamente esse, Sócrates.

Sócrates: Muito bem. Na sequência escutai como me sinto a respeito da forma de governo por nós descrita. Meu sentimento é comparável ao de alguém que contemplasse belos animais, ou representados pictoricamente, ou os próprios animais vivos, mas em repouso, e que se sentisse desejoso de contemplá-los em movimento e vigorosamente engajados em algum exercício ou luta que parecesse convir ao seu porte físico. Bem, é exatamente esse o sentimento que experimento relativamente ao Estado por nós descrito. Eu adoraria ouvir alguém retratar discursivamente nosso Estado competindo com outros Estados, disputando aqueles mesmos prêmios pelos quais os Estados tipicamente disputam. Adoraria assistir nosso Estado destacar-se quanto à maneira de ingressar na guerra e em como no travá-la manifestasse qualidades cabíveis à sua educação e treinamento, nas transações com cada um dos diversos Estados quer no tocante a operações militares, quer no que diz respeito a negociações verbais. E neste caso, Crítias[8] e

---

8. Crítias de Atenas é figura histórica indiscutível e importante especialmente na história política de Atenas. Foi discípulo de Sócrates e depois um dos mais poderosos

Hermócrates,⁹ devo acusar-me de minha própria contínua incapacidade de louvar suficientemente nossos homens e nosso Estado. A propósito, nada há de surpreendente nessa minha incapacidade. Mas acabei por formar opinião idêntica também acerca dos poetas, tanto os antigos quanto os atuais. Não que desrespeite os poetas em geral, mas é evidente para todos que essa classe de imitadores imita com a maior facilidade e obtendo o maior êxito o tipo de coisas para cuja imitação receberam treinamento, ao passo que há dificuldade quando se trata de qualquer um deles imitar, na esfera da ação, o que se acha fora do âmbito de seu treinamento, sendo isso ainda mais difícil na esfera do discurso.¹⁰ Por outro lado, no que tange à classe dos sofistas, embora eu os julgue altamente

---

entre os Trinta Tiranos que governaram Atenas entre 404 e 403 a.C. Entretanto, quanto ao mais, os dados sobre Crítias, além de escassos, são um tanto nebulosos, dúbios e desencontrados, passando a gerar conjeturas e controvérsias entre os historiadores, estudiosos e helenistas. Foi certamente parente de Platão, mas não se sabe com certeza que parentesco entretinha com ele. W. K. C. Guthrie, por exemplo, afirma taxativamente em *The Sophists* (Os Sofistas) que era primo de Peritione, mãe de Platão; já John M. Cooper afirma que o Crítias que figura no diálogo *Crítias* é o bisavô materno de Platão. Neste último caso, como a ação política principal do Crítias discípulo de Sócrates se desenvolve entre 404 e 403 a.C., passa-se a cogitar de um *outro* Crítias, que fora o avô do Crítias em pauta, e bisavô de Platão, não podendo se pensar que se trata do mesmo Crítias. Aliás, *isso é confirmado pelo próprio Crítias* no *Timeu*, onde ele se refere explicitamente ao seu *avô* Crítias. Outra questão é que se é certo que Crítias foi um sofista (embora atípico), orador e poeta, as opiniões divergem quanto aos seus méritos literários e filosóficos: enquanto Guthrie elogia seus dotes nessa área, há quem tenha dito que era "um amador entre os filósofos e um filósofo entre os amadores." Crítias pereceu em 403 a.C. na guerra civil. (Peço desculpas ao leitor possuidor de *Diálogos* I e II, pois na pág. 15 houve uma incorreção relativa ao período de governo dos Trinta Tiranos, ou seja, onde se lê no segundo parágrafo na quinta linha *411 a.C.* deve-se ler *404 a.C.*, e na sexta linha, onde se lê *410* deve-se ler *403*.)

9. Este Hermócrates é usualmente identificado como Hermócrates de Siracusa, célebre general, contemporâneo de Sócrates e que, já velho, teria sido exilado, passando o resto de sua vida na Lacedemônia e na Ásia Menor.
10. A poesia como arte imitativa é tratada por Platão especialmente em *A República*, Livro III, 392d e Livro X, 597e e segs.

versados na elaboração de muitos belos discursos de outros gêneros, temo que pelo fato de perambularem de cidade em cidade, não tendo residência fixa própria, suas representações relativas aos homens que são simultaneamente filósofos e políticos serão bastante falhas; eles tendem a representar equivocadamente tudo quanto esses líderes produzem no campo de batalha ao enfrentarem seus inimigos, quer no discurso das negociações, quer no próprio combate. Desse modo, o que resta é somente gente de vossa classe, uma classe que, semelhante do prisma da natureza e daquele da criação recebida, partilha das qualidades de ambas as outras. De fato, Timeu, aqui presente, é nativo de um Estado governado com base nas mais excelentes leis, a Locris italiana,[11] não sendo em nada inferior aos seus concidadãos, quer em posses, quer em nobreza de nascimento; e não só ocupou os mais elevados cargos e posições de honra em seu Estado, como também, segundo penso, alcançou a maestria em todos os campos da filosofia. Quanto a Crítias, todos os presentes sabem que não é leigo em nenhuma das matérias aqui discutidas. No que respeita a Hermócrates, temos que dar crédito aos muitos que testemunham que, por sua natureza e pelos cuidados que recebeu, está habilitado a todas essas investigações. Ciente disso, quando me solicitastes ontem a discussão das formas de governo, vos satisfiz com máxima boa vontade, pois sabia que ninguém seria capaz de se ocupar melhor do que vós (se quisésseis) do discurso que se segue; atualmente ninguém vivo além de vós estaria capacitado a apresentar *nosso Estado* engajado numa guerra com ele compatível e que mostrasse as qualidades que

---

11. Ver observação de Platão em *As Leis*, Livro I, 638b. *As Leis* consta em *Clássicos Edipro*.

refletem seu caráter. Em conformidade com isso, agora que esgotara o tema a mim destinado, virando a mesa indiquei a vós para falar sobre o tema por mim descrito. Quanto a vós, após deliberardes como um grupo, assentistes em retribuir a mim hoje com vossos discursos, que são dádivas de hospitalidade; assim, aqui estou, devidamente trajado para essa ocasião, e mais ansioso do que todos para começar.

Hermócrates: Realmente, como afirmou Timeu, não faltará empenho de nossa parte, Sócrates, bem como não dispomos da mais ínfima desculpa para nos negarmos a fazer como dizes. A propósito, ontem, logo depois de te deixarmos e nos dirigirmos aos nossos aposentos na casa de Crítias, onde estamos hospedados, e já durante esse percurso, examinávamos esses mesmos assuntos. Foi quando Crítias trouxe à baila uma história que remonta à tradição antiga. Assim, Crítias, peço-te que repitas a ele a história agora, de modo que ele possa nos ajudar a decidir se é ou não pertinente ao tema que nos foi destinado.

Crítias: Decerto eu o farei, desde que nosso terceiro parceiro, Timeu, também o aprove.

Timeu: Não há dúvida que aprovo.

Crítias: Então escuta, Sócrates, uma história[12] que, a despeito de ser considerada estranha, é, no entanto, inteiramente verdadeira, segundo declarou numa ocasião Sólon,[13] *o mais sábio dos sete.*[14] Sólon era – como ele próprio diz aqui e ali amiúde

---

12. ...λογου... (*logoy*).
13. Sólon de Atenas (?639-559 a.C.), poeta, político e principalmente legislador de Atenas.
14. ... των επτα σοφωτατος... (*ton epta sofotatos*). Os Sete Sábios da Grécia são: Periandro de Corinto, Pítaco de Mitilene, Tales de Mileto, Sólon de Atenas, Bias de Priene, Quílon de Esparta e Cleóbulo de Lindo.

em seus poemas – um parente e amigo muito chegado de *nosso*[15] bisavô Drópides. Ora, Drópides contou ao *nosso* avô Crítias, o que o velho, por seu turno, contou a nós, que as proezas desta cidade na antiguidade, cujo registro desaparecera ao longo do tempo e por conta do aniquilamento dos seres humanos, foram grandiosas e extraordinárias; dessas proezas, seria apropriado narrar-te a mais grandiosa, em parte a título de pagamento de nosso débito de gratidão contigo, e em parte como um canto, por assim dizer, de justo e verdadeiro louvor à deusa neste seu dia do festival.[16]

Sócrates: Magnífico! Mas qual foi essa proeza narrada por Crítias segundo o relato de Sólon, cujo registro não foi verbalmente preservado, embora haja realmente sido realizada por esta cidade nos tempos antigos?

Crítias: Eu contarei a ti. Trata-se de uma velha história ouvida por mim de um homem que não era jovem, pois realmente Crítias naquela época, conforme sua própria informação, estava para completar noventa anos, enquanto eu tinha por volta de dez. Aconteceu de ser o dia da apresentação dos moços no decorrer das *Apatúrias*.[17] Nessa oportunidade ocorria também uma habitual cerimônia dedicada às crianças, na

---

15. ...ημιν... (*emin*): a tradução pelo possessivo singular *meu* não seria propriamente incorreta, mas Crítias parece incluir os demais descendentes diretos de Drópides, e muito sutilmente o próprio Platão aqui se inclui.
16. A deusa é Atena (filha unigênita de Zeus, deusa virgem e vinculada principalmente à sabedoria e à arte bélica). Atena é a divindade patrona de Atenas. Pelo que diz Crítias, é de se presumir que esta conversação (registrada ou concebida por Platão) teria ocorrido no início de junho, por ocasião da celebração das *Pequenas Panateneias*.
17. ...Απατουριων... (*Apaturion*), festa anual celebrada em Atenas em honra do deus Dionísio (Baco) no mês de Πυανεψιων (*Pyanepsion*) (correspondente à segunda metade de outubro e à primeira de novembro); no terceiro dia de celebração, os rapazes eram admitidos nas fratrias.

qual nossos pais organizavam competições de recitação de poemas. Assim, como várias composições de diversos poetas eram recitadas, os versos de Sólon eram cantados por muitas de nós, crianças, visto que seus poemas constituíam naquela época uma novidade. Sucedeu que um dos membros de nossa fratria, fosse porque realmente assim pensava naquele tempo ou porque se decidira a cumprimentar Crítias, declarou que, segundo seu parecer, não só era Sólon o mais sábio em tudo mais, como também na poesia destacava-se como o mais nobre dos poetas. E o velho[18] – lembro-me muito bem da cena – ficou muito contente com o cumprimento, passando a dizer, sorridente: "Sim, Aminandro, pena que ele encarou a poesia como uma diversão, não se devotando a ela com o empenho de outros poetas; pena que não terminou a história que nos trouxe do Egito, sendo forçado a abandoná-la, ao retornar, devido aos conflitos entre facções e outros males com os quais se defrontou aqui; se não fosse assim, nem sequer Hesíodo[19] ou Homero[20] e qualquer outro poeta teria granjeado mais fama do que ele." "E qual era essa história, Crítias", indagou o outro. "Trata-se", respondeu Crítias, "da história de um feito estupendo, realmente digno de ser estimado como o mais extraordinário de todos os feitos empreendidos por esta cidade, ainda que seu registro tenha estado desaparecido até o presente por conta do transcorrer do tempo e da destruição dos seus autores." "Conta-nos desde o início", disse Aminandro, "qual foi essa

---

18. Ou seja, o avô de Crítias e seu homônimo.
19. Hesíodo de Ascra, poeta épico que viveu entre 900 e 800 a.C. Autor, entre outras obras, da *Teogonia* e de *Os Trabalhos e os Dias*.
20. Homero, poeta épico, viveu no século X a.C. É considerado o maior dos poetas da Grécia antiga. Autor da *Ilíada* e da *Odisseia*.

história ouvida e colhida por Sólon, de quem ele a ouviu e quem garantiu que é verdadeira."

"No Egito", disse Crítias, "na região do delta em que a corrente do Nilo divide-se em duas no vértice do delta, há uma província chamada Saítico, cuja cidade principal é Saís (residência do rei Amasis[21]). Dizem que quem fundou essa cidade é uma deusa cujo nome egípcio é Neith e, em grego, Atena. O povo dessa cidade demonstra muita amizade por Atenas e afirma ter de alguma forma parentesco conosco. O testemunho de Sólon é que quando visitou essa cidade foi acolhido e aclamado com elevada estima por esse povo. Ademais, quando teve a oportunidade de fazer perguntas a seus sacerdotes detentores do maior saber antigo relativo à sua história primitiva, descobriu que tanto ele próprio quanto qualquer outro grego ignoram tudo – estaríamos autorizados a afirmá-lo – acerca desses assuntos, sendo que numa ocasião, no desejo de levá-los a discursar sobre a antiguidade, tentou abordar para eles a mais antiga de nossas tradições, a que se refere a Foroneu, que se diz ter sido o primeiro ser humano, e que se refere a Níobe. E ele prosseguiu relatando o mito de Deucalião e Pirra e de sua sobrevivência ao dilúvio, passando a fornecer a genealogia de seus descendentes; e realizando a contagem dos anos decorridos que encerraram os acontecimentos narrados tentou efetuar o cômputo dos períodos de tempo. Foi quando um dos sacerdotes, um homem muito idoso, disse: "Ó Sólon, Sólon, vós gregos sois sempre crianças... Não há essa coisa de um grego antigo." Ao ouvir tal observação, ele indagou: "O que queres dizer com isso?", ao que o sacerdote respondeu:

---

21. Amasis reinou no Egito de 569 a 525 a.C.

"Sois jovens em vossas almas, todos vós. Vossas almas não possuem uma só crença transmitida pela tradição antiga, bem como nenhum conhecimento tornado velho pelo tempo, disso a causa sendo a seguinte: houve e continuará havendo múltiplas e diversas destruições da humanidade,[22] das quais as maiores são pela ação do fogo e da água, enquanto as menores através de outros meios incontáveis. De fato, a história que se costuma contar em teu país, bem como no nosso, de que uma vez Faetonte, filho de Hélio,[23] preparou a biga de seu pai [e a pôs em movimento,] mas incapaz de dirigi-la pela rota tomada por seu pai, provocou a incineração de tudo que existia sobre a Terra, sendo ele próprio destruído por um raio – essa história, tal como relatada, apresenta o perfil de um mito. Entretanto, a verdade nela encerrada aponta para um desvio dos corpos celestes que giram em torno da Terra, causando uma destruição do que há sobre a Terra através de colossais incêndios recorrentes a longos intervalos. Nessas ocasiões, todos os habitantes das montanhas e das regiões elevadas e secas perecem mais do que os que habitam nas proximidades dos rios e do mar. O Nilo, que é nosso salvador em outras circunstâncias, também nos salva dessa dificuldade elevando suas águas. Por outro lado, na ocasião em que os deuses purificam a Terra mediante um dilúvio, todos os vaqueiros e pastores que se encontram nas montanhas são salvos, ao passo que aqueles que vivem nas cidades, na tua terra, são colhidos pelos rios e lançados ao mar. Em nosso país nem nessa ocasião nem em qualquer outra a água se precipita do alto sobre nos-

---

22. Ver *As Leis*, Livro III, 677a e segs.
23. ...Ηλιου... (*Eliu*), personificação divina do nosso sol.

sos campos, ocorrendo o contrário, ou seja, sua propensão natural é sempre subir partindo de baixo. A consequência disso é ser o que é aqui preservado considerado como o mais antigo. A verdade é que em todos os lugares nos quais não há excessivo calor ou frio para impossibilitá-lo, há sempre uma raça humana que continua existindo, num contingente populacional ora maior, ora menor. E no caso da ocorrência de qualquer evento grandioso ou importante, ou que de um modo ou outro merece destaque, não importa se em teu país, no nosso ou em qualquer outro lugar de que temos notícia, terá sido registrado desde a antiguidade e aqui preservado em nossos templos. Em vosso caso, diferentemente, tal como no de outros povos, tão logo conquistais as letras e todos os demais recursos exigidos pelas cidades, volta a acontecer, após o usual lapso de tempo, o dilúvio que vem do céu, o qual vos atinge como uma praga, deixando para trás somente vosso povo iletrado e inculto; o resultado é vos tornardes novamente jovens, totalmente ignorantes dos acontecimentos ocorridos nos tempos antigos nesta terra ou na vossa. É certo que as genealogias que apresentaste há pouco, Sólon, que dizem respeito ao povo de teu país constituem pouco mais do que contos infantis, pois, para começar, te recordas de um só dilúvio, quando foram muitos que ocorreram antes; em segundo lugar, ignoras o fato de que a mais nobre e melhor das raças humanas nasceu na terra que atualmente habitas, tendo sido dela que se originaram tanto tu quanto tua cidade, graças a alguma modesta semente que aconteceu de restar dessa raça. A ti isso passou despercebido porque no arco de diversas gerações ocorreu o perecimento de sobreviventes que não detinham a capacidade de se expressarem através da escrita. Na verdade, Sólon, houve uma época que antecedeu os mais destrutivos dos dilúvios na qual o Estado que é atualmente Atenas não apenas manifestava excelência na guerra, como se destacava igualmente em todos os aspectos pela suprema excelência de suas leis na administração. Comenta-se que no seu seio eram criadas as mais esplêndidas obras de arte e, por outro lado, possuía a mais admirável forma de governo de todas as nações sob o céu de que já ouvimos falar."

Ao ouvir isso, Sólon declarou estar maravilhado e impelido por incontida ansiedade, pediu insistentemente ao sacerdote que lhe fizesse um relato sequencial e detalhado dos fatos relativos a esses cidadãos da antiguidade. A isso o sacerdote respondeu: "Não relutarei em fazer-te esse relato, Sólon. Não, eu o farei, seja para teu benefício, seja para o de tua cidade, embora, sobretudo, em honra da deusa que adotou para si tanto tua terra quanto a nossa,[24] as tendo fundado, delas cuidado e as educado. Principiou pela tua durante um milênio, ao receber de Gaia e Hefaístos[25] a semente de vós, depois do que se ocupou da nossa. Quanto à duração de nossa civilização, conforme registrado em nossas escrituras sagradas, é de oito milênios. Relatarei a ti sumariamente certas leis e os mais admiráveis feitos referentes aos

---

24. Isto é, Atena.
25. ...Γης... (*Ges*), Gaia, personificação divina da terra (elemento) e da Terra (planeta) em contraposição ao Céu (Ουρανος [*Uranos*]), seu filho, por ela gerado sem o concurso da sexualidade e depois seu consorte. Gaia é uma divindade fundamental, primordial e pré-olímpica, tendo sido, segundo a *Teogonia* de Hesíodo, nascida do caos (χαος [*khaos*]), o espaço ou abismo gigantesco, profundo, nebuloso e desordenado que *existia* antes da instauração do universo ordenado (κοσμος [*kosmos*]). Ηφαιστος (*Efaístos*) é a personificação divina do fogo (elemento), deus olímpico filho de Hera. Hefaístos era feio e coxo e foi repudiado por sua mãe que o arremessou Olimpo abaixo. Mas ele retornou ao Olimpo e se tornou o artesão dos deuses, trabalhando magistralmente na forja, e inclusive criando belíssimas obras de arte empregando metais como o ouro, o bronze, o ferro etc.

cidadãos que viviam então há nove milênios atrás. No que toca a um relato completo, sequencial e minucioso, faremos isso mais tarde, na medida de nosso ócio, consultando as próprias escrituras.

A fim de ter uma noção de suas leis deves observar nossas leis atuais, pois notarás a existência aqui hoje de muitos exemplos que existiam então em nossa cidade. Perceberás, em primeiro lugar, como a classe sacerdotal é separada do resto; em seguida, a classe dos artífices, da qual cada tipo executa seu trabalho independentemente dos outros, sem haver mistura; também os pastores, caçadores e agricultores se mantêm distintos e independentes. Ademais, como certamente deves ter notado, a classe militar aqui é mantida separada de todas as demais, obrigada por determinação legal a dedicar-se exclusivamente à atividade de preparo e treinamento para a guerra. Há, além disso, uma característica do ponto de vista de suas armas, que é o emprego de escudos e lanças; de fato, fomos o primeiro povo da Ásia[26] a adotar essas armas por instrução da deusa,[27] tal como ela primeiramente instruiu a vós, que sois habitantes de outras regiões. Por outro lado, no que tange ao saber, certamente percebeste a lei aqui pertinente, segundo a qual muita atenção tem sido dedicada desde o início a ele; em nosso estudo da ordem do universo descobrimos todos os efeitos produzidos pelas causas divinas na vida humana, incluindo a divinação e a medicina que visa a saúde, além do domínio de todas as outras disciplinas correlatas. Desse modo quando,

---

26. Segundo a geopolítica de então, o Egito era considerado pertencente à Ásia, e não à África.
27. O escudo e a lança são as armas preferidas de Atena.

naquela época, a deusa vos supriu, anteriormente a quaisquer outros povos, de todo esse sistema ordenado e regular, fundou teu Estado instalando-vos, conforme sua escolha, no lugar em que nascestes por perceber nele um clima temperado, e como isso daria origem a homens de sumo saber.[28] Assim sucedeu que a deusa, que era ela própria a um tempo amante da guerra e amante da sabedoria, selecionou uma região com maior probabilidade de gerar homens maximamente semelhantes a ela própria, sendo essa sua primeira fundação. E ali passastes a viver com base em leis como essas... na verdade leis ainda melhores, com o que superastes todos os povos na prática de todas as virtudes, como era de se esperar daqueles que eram descendentes e lactentes de deuses. As realizações de teu Estado são, de fato, múltiplas e grandiosas, revelando-se, como aqui são registradas, maravilhas. Todavia, há uma delas que sobressai entre todas devido à sua grandeza e excelência. É relatado em nossos registros como numa certa época teu Estado deteve a marcha de um exército poderoso, o qual partindo de um longínquo ponto no oceano Atlântico, avançava insolentemente com o objetivo de atacar de uma só vez a Europa inteira e a Ásia. Naquela época, esse oceano era navegável; diante do estreito que vós chamais de Colunas de Héracles,[29] havia uma ilha maior do que a Líbia[30] e a Ásia juntas, e era possível aos viajantes daquela época alcançar outras ilhas por meio de sua travessia. Dessas ilhas podia-se atingir todo o continente do outro lado, o qual circundava todo aquele

---

28. ...φρονιμωτατους ανδρας... (*fronimotatoys andras*).
29. ...Ηρακλεους στηλας... (*Erakleoys stelas*), Colunas de Hércules, posteriormente Estreito de Gibraltar.
30. ...Λιβυης... (*Libyes*), ou seja, a África.

verdadeiro mar. Com efeito, tudo que temos aqui dentro do estreito a que nos referimos[31] parece não passar de um porto que possui uma entrada estreita, ao passo que o que se situa lá é um autêntico oceano, e a terra que o circunda de ponta a ponta poderia verdadeira e corretamente ser chamada de um continente. Ora, nessa ilha da Atlântida[32] havia uma confederação de reis detentores de um grande e extraordinário poder que era soberano não só em toda a ilha, como também em diversas das outras ilhas e em partes do continente; além disso, esse seu poder alcançava inclusive o interior do estreito, sobre a Líbia[33] até o Egito, e sobre a Europa até a Tirrênia.[34] Sucedeu desse poder, [manifestado sob a forma de um exército] congregado num único bloco tentar numa certa oportunidade submeter mediante um só ataque violento tanto teu país, o nosso quanto a totalidade do território do estreito. Foi então, Sólon, que o poder de teu Estado se fez visível, através de virtude e força, para todo o mundo, pois destacou-se sobremaneira entre todos por seu ardor e poder em todas as artes bélicas; e atuando em parte como líder dos gregos, em parte tendo que combater sozinho quando foi abandonado por todos os aliados, depois de afrontar os perigos mais extremos e letais, derrotou os invasores, podendo erigir seu monumento da vitória. A consequência disso foi ter salvado da escravidão todos aqueles que jamais antes a haviam experimentado, e todo o

---

31. Platão alude muito provavelmente ao Mar Mediterrâneo.
32. ...Ατλαντιδι... (*Atlantidi*).
33. África.
34. ...Τυρρηνιας... (*Tyrrenias*), ou Etrúria, correspondente à região da Toscana no oeste da Itália, cuja costa é banhada pelo Mar Tirreno.

restante de nós, habitantes dentro dos limites de Héracles, teu Estado não relutou em nobremente libertar.

Contudo, posteriormente ocorreram violentíssimos terremotos e dilúvios... e um dia e uma noite terríveis sobrevieram, quando todo o contingente de teus guerreiros foi tragado pela terra, e a ilha da Atlântida, de maneira semelhante, foi engolida pelo mar e desapareceu. Em decorrência disso, naquela região o oceano se tornou, inclusive, não navegável e inexplorável, o que se explica por ter sido obstruído por uma camada de lama a uma profundidade rasa, a qual foi formada pela ilha à medida que afundou."

Acabaste de ouvir, Sócrates, numa versão bastante concisa, a história que relatou o velho Crítias do que ouvira de Sólon. E quando discursavas ontem discutindo a questão das formas políticas e descrevendo um certo tipo de homens, fiquei pasmo ao me recordar dos fatos que apresento agora ao considerar por qual acaso sobrenatural tua descrição correspondia, na maioria das partes, tão exatamente à narrativa de Sólon. Fiquei relutante, porém, quanto a mencioná-lo naquele momento, mesmo porque minha lembrança de sua narrativa, devido a tanto tempo transcorrido, não parecia suficientemente clara. Por conta disso, decidi-me a não comunicá-la enquanto não a examinasse cuidadosamente em minha própria mente. Em consonância com isso, assenti prontamente ao tema proposto por ti ontem, no pensamento de que estaríamos razoavelmente munidos de recursos para a incumbência de apresentar um discurso que fizesse jus às expectativas se eu apresentasse esse discurso, mesmo porque em todas as situações semelhantes a essa, é isso que constitui a tarefa mais importante. E assim no momento em que te deixei ontem iniciei o relato da história a eles tal como me recordava dela; após me separar deles pus-me a refletir sobre ela a noite toda até – me permito dizê-lo – recuperá-la na sua totalidade. É impressionante, de fato, como as lições da infância de cada um, como se costuma dizer, são retidas na mente. No que me diz respeito, não sei se seria capaz de recordar tudo que ouvi ontem. Entretanto, quanto ao relato que ouvi há tanto tempo atrás, chegaria a me surpreender se um único pormenor dele tivesse me escapado. Experimentei naquela oportunidade um imenso prazer ao ouvi-lo; deve-se acrescentar que o velho [Crítias] se mostrava ansioso para me comunicar aquela história, já que eu me mantinha o bombardeando com perguntas; o resultado foi a história fixar-se em minha mente como as marcas indeléveis numa pintura feitas por encáustica. Que se acresça que logo após o romper do dia relatei essa mesma história aos aqui presentes,[35] para que pudessem compartilhar de meu farto material de discurso.

Tendo sido esse o propósito de tudo que venho afirmando, Sócrates, estou pronto agora para narrar minha história, não apenas numa versão concisa, mas com todos os detalhes, tal como a ouvi. Transportaremos para o domínio do fato o Estado e seus cidadãos que para nós descreveste ontem como se fosse uma fábula. Na realidade, suporemos que esse Estado corresponde ao nosso antigo Estado e diremos que os cidadãos por ti imaginados são, na verdade, nossos próprios ancestrais, aos que se referiu o sacerdote. A correspondência entre eles se revelará em todos os aspectos e nosso canto não será desafinado se [ousarmos] asseverar que os cidadãos de

---

35. Isto é, Timeu e Hermócrates.

teu Estado são os próprios homens que viveram naquela era. Dessa maneira, num empenho conjunto, cada um desempenhando seu papel, daremos o melhor de nós, no limite de nossas capacidades, para fazer jus ao tema que determinaste. Diante disso, Sócrates, temos que saber se essa história valerá como nosso discurso, ou se teremos que ir em busca de outra que a substitua.

Sócrates: E qual, Crítias, deveríamos preferir a essa? Afinal essa história encontrará perfeita sintonia com o festival da deusa ora sendo realizado graças à sua conexão com ela; e o fato de que não é fábula inventada, mas história autêntica, tem toda a importância. Como e onde, de fato, descobrir outras histórias se permitirmos que essa nos escape? Não. Deves iniciar teu discurso e boa sorte! Quanto a mim, a título de uma retribuição por meu discurso de ontem, ficarei, de minha parte, em silêncio, limitando-me a ouvir.

Crítias: Vê agora, Sócrates, o que pensas da ordem da tua acolhida tal como a concebemos. Considerando que Timeu é nosso melhor astrônomo e atraiu para si a tarefa de conhecer a natureza do universo,[36] pareceu-nos melhor que ele seja o primeiro a discursar, principiando com a origem do universo[37] e findando com a natureza do ser humano. Falarei em seguida, tomando dele a humanidade como se já gerada por seu discurso e de ti um certo número de indivíduos humanos que receberam uma educação superior. Na sequência, em conformidade tanto com o relato de Sólon quanto com sua lei, os trarei à nossa presença, como se fosse perante

---

36. ...φυσεως του παντος... (*fyseos toy pantos*), a natureza de tudo (de todas as coisas).
37. ...κοσμου... (*kosmoy*), o universo ordenado.

uma corte de justiça e os converterei em cidadãos de nosso Estado, como sendo realmente aqueles atenienses de outrora, cuja existência, há tanto tempo na obscuridade, a nós foi revelada graças ao registro das escrituras sagradas; e daí por diante continuarei meu discurso como se estivesse me dirigindo a reais cidadãos atenienses.

Sócrates: Pelo que parece, obterei um completo e brilhante banquete de discursos a título de retribuição. Assim sendo, ó Timeu, parece que cabe a ti falar em seguida, após teres invocado devidamente aos deuses.

Timeu: Não há dúvida, ó Sócrates, que o farei, uma vez que qualquer pessoa que tenha o mínimo de senso sempre invoca a um deus antes de empreender toda tarefa, seja esta pequena ou grande. No que tange a nós, que temos a pretensão de proferir um discurso acerca do universo, de como foi sua origem, se é que a houve, é necessário que invoquemos deuses e deusas – se não quisermos caminhar inteiramente sem rumo – orando para que tudo aquilo que dissermos comece por ter a aprovação deles e, em segundo lugar, a nossa. Que seja essa, portanto, nossa invocação aos deuses; quanto a nós, apelamos a nós mesmos no sentido de que tu possas aprender tão facilmente quanto possível e eu possa realizar uma exposição maximamente clara da matéria que se desdobra diante de nós.

Penso que temos que começar com a seguinte distinção: o que é aquilo que sempre *é* e não tem *vir a ser*[38] e aquilo

---

38. ...τι το ον αει, γενεσιν δε ουκ εχον... (*ti to on aei, genesin de uk ekhon*): *to on* é o ser, o existente, se contrapondo a *genesin*, o que está sendo gerado, ontologicamente falando, o que *vem a ser*.

que é *vir a ser* e jamais *é*? Um desses[39] é apreendido pelo pensamento graças ao discurso racional, visto que é sempre uniformemente existente; quanto ao outro,[40] constitui objeto da opinião graças à sensação irracional, visto que se mantém num processo de transformação (o vir a ser), perece e nunca *é* realmente. Por outro lado, tudo quanto vem a ser necessariamente vem a ser devido a alguma causa, pois na ausência de uma causa a consecução do vir a ser é impossível para qualquer coisa. Quando o artífice de uma coisa, ao criar sua forma e função, conserva seu olhar, empregando um modelo, no que é perpetuamente imutável, a coisa criada resultante é necessariamente bela;[41] todavia, toda vez que contempla aquilo que vem a ser[42] e utiliza um modelo criado, a coisa resultante não é bela. Ora, no que toca a todo o céu, ou universo ordenado – chamemo-lo pelo nome mais preferível dependendo do contexto – há uma questão que requer ser respondida em primeira instância, a saber, se sempre existiu, não tendo um princípio, ou se passou a existir (veio a ser) a partir de um princípio. A resposta é que veio a ser. De fato, ele é visível, tangível e possui um corpo, estando tudo isso vinculado ao sensível; ora, coisas sensíveis, como vimos, são apreendidas pela opinião, o que envolve a percepção sensorial, e como tais são coisas que vêm a ser, ou seja, coisas que são geradas. Além disso, aquilo que veio a ser, como dissemos, veio a ser necessariamente por ação de alguma causa.

---

39. Isto é, o *ser*.
40. Isto é, o *vir a ser*.
41. ...καλον... (*kalon*): esse conceito, na verdade, é muito mais abrangente do que o nosso de belo, incluindo os de elegante, excelente, admirável, bem proporcionado, perfeito, consumado, impecável, entre outros.
42. Ou seja, o que muda, se transforma.

Ora, constitui uma tarefa e tanto descobrir o criador e pai[43] deste universo,[44] e mesmo que eu o descobrisse, anunciá-lo[45] a todos seria impossível. Assim, mais vale retornarmos e suscitarmos a seguinte questão: qual dos modelos foi usado pelo construtor para construí-lo? Foi aquele que permanece idêntico a si mesmo e imutável, ou aquele que veio a ser? Ora, se o universo ordenado[46] é belo e seu artífice[47] bom, fica evidente que ele fixou seu olhar no eterno.[48] Porém, se fossem eles o contrário disso – suposição que, por si só, desacata as leis divinas – seu olhar teria pousado sobre aquilo que veio a ser. Entretanto, está universalmente evidente que seu olhar pousou no eterno, uma vez que o universo ordenado é, de tudo que veio a ser, o mais belo, e ele[49] a melhor entre todas as causas. A conclusão é que tendo assim vindo a ser, [o universo ordenado] foi construído de acordo com

---

43. ...ποιητην και πατερα... (*poieten kai patera*).
44. ...παντος... (*pantos*).
45. Ou seja, o criador e pai.
46. ...κοσμος... (*kosmos*), conceito chave que sempre se contrapõe a *pan*, o tudo, o universo.
47. ...δημιουργος... (*demiurgos*): outro conceito chave do *Timeu*, o mais importante neste contexto. Tal como *kosmos* e *pan*, Platão o retira do vocabulário corrente não filosófico para instrumentalizá-lo filosoficamente, mas com base em seu significado original. Veremos que a concepção do criador do universo ordenado não é a concepção de um criador que cria *ex nihilo* (como, por exemplo, o Espírito Supremo onipotente e absoluto do judaísmo e cristianismo), mas de um trabalhador, artesão ou artífice que, lançando mão dos elementos disponíveis do *caos* (analogamente ao carpinteiro que lança mão da madeira para construir a porta) constrói (fabrica) o universo ordenado (*kosmos*).
48. Para Platão, todo artista ou artífice cria ou fabrica algo contemplando sensorial ou mentalmente um modelo. Assim, por exemplo, todas as artes plásticas (como o desenho, a pintura, a escultura) são imitativas, não sendo possíveis sem um modelo (παραδειγμα [*paradeigma*]). No caso do criador do universo ordenado, esse modelo é necessariamente eterno, isto é, um modelo sem princípio ou fim no tempo, não sujeito à geração, mudança e perecimento característicos do vir a ser.
49. Ou seja, o artífice do universo ordenado, o *Demiurgo*.

o que é apreensível pelo discurso racional e a inteligência, e que é idêntico a si mesmo.[50]

Por outro lado, se admitimos ser as coisas assim, torna-se inteiramente necessário que esse universo ordenado seja uma imagem[51] de alguma coisa. Com referência a qualquer assunto, é de suma importância partir do princípio natural. Em consonância com isso, quando nos ocupamos de uma imagem e seu modelo, cabe-nos afirmar que as próprias explicações dadas terão afinidade com as diversas coisas que explicam. Assim, explicações que dizem respeito ao que é estável, fixo e discernível ao entendimento, são elas mesmas estáveis e inabaláveis; na medida do possível, é necessário tornar essas explicações tão irrefutáveis e invencíveis quanto o pode ser qualquer explicação. Por outro lado, explicações que damos daquilo que foi formado como imagem por semelhança do real, posto que são explicações do que é uma semelhança, são dotadas de probabilidade, seu *status* guardando a proporcionalidade com as anteriores explicações, pois tal como o ser é para o vir a ser, é a verdade para a crença. Consequentemente, Sócrates, não fiques surpreso se na nossa abordagem de um grande número de matérias envolvendo os deuses e o vir a ser do universo nos mostrarmos incapazes de apresentar explicações sempre e em todos os aspectos completamente coerentes e exatas; pelo contrário, ficaremos satisfeitos se formos capazes de oferecer explicações que não sejam inferiores à de outros quanto à probabilidade, lembrando que eu, que falo, e vós que julgais [meu discurso]

---

50. Ou melhor, imutável.
51. ...εικονα... (*eikona*), reflexo, abarcando os sentidos congêneres de representação, retrato e principalmente *cópia*.

não passamos de criaturas humanas, cabendo-nos aceitar a narrativa provável dessas matérias e nos abstermos de investigar além dela.

Sócrates: Esplêndido, Timeu! Temos, decididamente, que aceitá-lo da forma que sugeres, e teu prelúdio foi maravilhoso. Assim, pedimos que vás em frente com o assunto principal.

Timeu: Bem, estabeleçamos agora a causa de o construtor haver construído o vir a ser e o universo. Ele era bom e aquele que é bom jamais se mostra malevolente com coisa alguma; e sendo desprovido de malevolência, ele desejou que tudo fosse o mais semelhante possível a ele. Na verdade, contamos com o assentimento de homens sábios de que esse princípio, que estaríamos inteiramente certos em aceitar, constituiu fundamentalmente a origem do vir a ser e do universo ordenado. Afinal, o deus quis que todas as coisas, na medida do possível, fossem boas e não más. Assim ele tomou tudo que era visível e constatando que não se encontrava em repouso, mas em movimento discordante e desordenado,[52] trouxe-o de um estado desordenado a um ordenado, considerando a ordem em todos os aspectos melhor do que a desordem. Não era, como não é permitido, segundo o estabelecido pela regra, para ele que é sumamente bom fazer qualquer coisa que não fosse o maximamente belo.[53] E raciocinando, ele percebeu que em relação às coisas naturalmente visíveis, nenhuma coisa não inteligente seria, como um todo, mais excelente do que uma coisa inteligente como um todo; con-

---

52. ...πλημμελως και ατακτως... (*plemmelos kai ataktos*), literalmente *contra a regra e de maneira indisciplinada*. Platão utiliza uma linguagem militar, referindo-se ao soldado que não acata a ordem (organização) de batalha e não se mantém em seu posto.
53. Ver nota 41.

cluiu, ademais, que seria impossível qualquer coisa ser dotada de inteligência[54] independentemente de uma alma.[55] Com base nesse raciocínio, ele instalou a inteligência na alma e esta no corpo à medida que construía assim o universo, de modo que a obra que produzia fosse tão sumamente bela e sumamente boa quanto sua natureza o permitisse. Assim, conforme esse nosso discurso provável, é forçoso que declaremos que este universo ordenado verdadeiramente veio a ser como um *ser vivo* dotado de alma e de inteligência por força da providência divina.

Uma vez sustentado isso, cabe-nos falar daquilo que vem na sequência. Ao construir o universo ordenado, a que ser vivo o construtor o fez assemelhar-se? Não podemos nos dignar a aceitar qualquer um desses que apresenta o caráter natural de uma parte, pois nada que se assemelhe ao incompleto poderia jamais tornar-se belo. Ao contrário, devemos afirmar que o universo ordenado se assemelha mais estreitamente do que qualquer outra coisa àquele ser vivo do qual são partes, tanto individualmente quanto universalmente, todos os demais seres vivos. Pois tal ser vivo abrange e contém dentro de si a totalidade dos seres vivos inteligíveis, tal como este universo contém a nós e todos os demais seres vivos visíveis que foram criados. Na medida em que o deus quis construir o universo o mais estreitamente semelhante ao mais belo dos seres inteligíveis, completo[56] em todos os aspectos, o construiu como um ser vivo, único e visível,

---

54. ...νουν... (*noyn*).
55. ...ψυχης... (*psykhes*).
56. ...τελεω... (*teleo*), no sentido de perfeito.

encerrando dentro de si todos os seres vivos naturalmente aparentados a ele próprio.

Estaremos corretos, nesse caso, em descrever o céu[57] como uno, ou seria mais correto nos referirmos a um número múltiplo ou infinito de céus? Se construído conforme seu modelo, é necessário que o classifiquemos como uno, pois aquilo que contém a totalidade dos seres vivos inteligíveis jamais poderia admitir um segundo, já que se assim fosse, seria necessário haver um ser vivo adicional que contivesse os dois, do qual eles seriam partes, situação em que o universo não poderia mais ser corretamente descrito como moldado à semelhança desses dois, mas à semelhança daquele terceiro ser vivo que contém ambos. Assim, para que esse ser vivo possa se assemelhar ao ser vivo inteiramente completo do ponto de vista de sua unicidade, seu criador não criou nem dois universos ordenados, nem um número infinito deles, existindo e continuando a existir esse universo que veio a ser, único em sua espécie.

Por outro lado, aquilo que veio a ser deve necessariamente ter forma corpórea, visível e tangível; contudo, sem o fogo jamais alguma coisa poderia se tornar visível, ou tangível sem o concurso de alguma solidez, bem como não poderia se tornar sólida sem terra. A conclusão é que no início da construção do universo, o deus o construía de fogo e terra. Entretanto, não é possível que duas coisas por si sós sejam combinadas sem a presença de uma terceira, visto que é necessário haver um elo intermediário que ligue as duas. Ora, o melhor elo é o que perfeitamente realiza a união de si

---

57. ...ουρανον... (*uranon*): o conceito de céu é aqui cosmologicamente intercambiável com o de universo visível.

mesmo juntamente com as coisas por ele unidas, sendo isso o melhor realizado graças à propriedade natural da proporção. De fato, toda vez que de três números, cúbicos ou quadrados, o termo médio entre dois quaisquer deles é tal que o que o primeiro termo é para ele, ele o é para o último e – inversamente, o que o último termo é para o médio, este o é para o primeiro – então o termo médio, por sua vez, se revela como sendo tanto primeiro quanto último, ao passo que igualmente o primeiro e o último passam a ser termos médios, todos eles se revelando como tendo necessariamente a mesma relação recíproca e, sendo intercambiáveis, formarão uma unidade. Ora, se o corpo do universo houvesse vindo a ser como uma superfície plana, não possuindo profundidade, um termo médio teria bastado para unir tanto ele próprio quanto os termos que lhes são associados; mas como sucede agora, entretanto, a situação é diferente, pois coube ao universo ser um sólido, sendo os sólidos jamais unidos apenas por um termo médio, porém sempre por dois. Por conseguinte, o deus aplicou água e ar entre o fogo e a terra, os tornando tão proporcionais entre si quanto possível, de sorte que o que o fogo é para o ar, este é para a água, e o que o ar é para a água, esta é para a terra. Ele então os uniu e construiu o céu[58] visível e tangível. Com base nessas razões e nesses quatro materiais constituintes específicos, o corpo do universo ordenado recebeu harmonia mediante proporção e foi trazido à existência. Essas condições lhe conferiram amizade,[59] de maneira que tendo sido unido em identida-

---

58. Aqui o mesmo que universo.
59. ...φιλιαν... (*filian*). Ver *Górgias*, 508a. O *Górgias* está presente em *Clássicos Edipro* (Diálogos II).

de consigo mesmo, ele conquistou uma indissolubilidade à prova de qualquer agente salvo aquele que o uniu.

Ora, cada um dos quatro constituintes foi totalmente utilizado na construção do universo ordenado, pois de fato o construtor o construiu com todo o fogo, água, ar e terra que existiam, não deixando exteriormente a ele nenhuma partícula ou potência de qualquer um desses constituintes. Agindo assim, seus propósitos eram os seguintes: *primeiro* que pudesse ser, na medida do possível, um completo e íntegro ser vivo, com todas as suas partes perfeitas; *segundo*, que pudesse ser o único, porquanto nada sobrara a partir de que um outro ser vivo semelhante pudesse passar a existir; *terceiro*, que pudesse ser imune ao envelhecimento e à doença, pois ele notou que toda vez que o calor e o frio, somados a todas as coisas dotadas de poderes intensos, cercam como elemento exterior um corpo composto e com ele colidem, dissolvem-no inoportunamente e o fazem consumir-se à força de doenças e envelhecimento. Assim, com base nesse raciocínio, ele o construiu para ser um único todo composto da totalidade dos todos – completo, imune ao envelhecimento e imune às doenças. E concedeu-lhe a forma apropriada e aparentada. Ora, no que diz respeito ao ser vivo destinado a abarcar no interior de si mesmo todos os seres vivos, a forma apropriada seria a que compreende dentro de si mesma todas as formas que existem; portanto, ele lhe conferiu uma forma redonda, a forma de uma esfera, com seu centro equidistante de seus extremos em todas as direções, sendo essa de todas as formas a mais perfeita e a mais autossemelhante, pois ele julgou ser o semelhante incalculavelmente mais admirável do que o dessemelhante. E no seu exterior arredondado ele o fez todo liso, com grande exatidão, e isso por múltiplas razões. Não necessitava de olhos, pois nada restava visível exteriormente a ele; tampouco necessitava de ouvidos, pois nada havia ali audível; não havia ar o envolvendo que pudesse necessitar para respiração; tampouco necessitava ele qualquer órgão pelo qual absorvesse alimento ou expelisse o não digerido. Pois nada dele saía ou nele ingressava proveniente de qualquer lado, uma vez que nada existia; de fato, fora projetado de tal modo a suprir seu próprio consumo como alimento para si mesmo, e a realizar todas as ações e experimentar todas as paixões por si mesmo e dentro de si mesmo, uma vez que aquele que o construíra pensara que se ele fosse autossuficiente, seria algo melhor do que se necessitasse de outras coisas. Também mãos, ele[60] julgou não dever dotá-lo delas inutilmente, na constatação de que não eram necessárias quer para agarrar, quer para repelir o que quer que fosse; tampouco pés ou quaisquer órgãos de locomoção. Quanto ao movimento, ele a ele[61] destinou aquele que é próprio ao seu corpo, a saber, aquele entre os sete movimentos que diz respeito particularmente ao entendimento e à inteligência;[62] por conseguinte, ele o girou uniformemente no mesmo ponto e dentro de si mesmo fazendo-o revolver num círculo; e no que se refere a todos os outros seis movimentos, ele os afastou e o modelou livre de seu caráter errante. E vendo que para esse movimento rotativo ele prescindia de pés, ele o gerou sem pernas e sem pés.

---

60. Ou seja, o Construtor.
61. Ou seja, ao universo.
62. O movimento de rotação sobre o próprio eixo; ver *As Leis*, Livro X, 898a no que toca ao movimento que diz respeito ao entendimento. Quanto aos demais *seis* movimentos, ver pg. 66 do próprio *Timeu*.

Tal foi, então, o fluxo de *raciocínio do deus eterno*[63] com relação ao deus que era para um dia existir,[64] pelo que ele o fez liso, regular e igual em todos os lados a partir do centro, um corpo inteiro e perfeito composto de corpos perfeitos. E no seu centro ele instalou [uma] alma, estendida por ele por todo o corpo, e com a qual envolveu o exterior do corpo; e como um círculo girando num círculo, ele estabeleceu um céu único e solitário, cuja própria excelência o capacita a conservar sua própria companhia, prescindindo de qualquer outra coisa ao seu lado, bastando-se a si mesmo como familiar e amigo. E, em função de tudo isso, ele o gerou para ser um deus bem-aventurado.

Relativamente à alma,[65] embora estejamos agora a descrevendo depois do corpo, isso não significa que o deus a concebeu como sendo mais jovem do que o corpo;[66] de fato, ao uni-los, não teria permitido que os mais velhos fossem governados pelos mais jovens. Nós,[67] uma vez que participamos grandemente do que é acidental e fortuito, aplicamo-lo inclusive em nosso discurso. O deus, contudo, criou a alma para ser mais velha do que o corpo, sendo a ele anterior na geração (vir a ser) e superior em virtude, visto estar destinada a ser senhora e governar, e ele a ser governado; e ele a criou utilizando os materiais e à maneira aos quais me referirei na sequência.

---

63. ...οντος αει λογισμος θεου... (*ontos aei logismos theoy*), literalmente *raciocínio do deus sempre existente*. Platão se refere ao Demiurgo.
64. Não esqueçamos que Platão concebe o universo ordenado como *divino* e um ser vivo, animado, isto é, dotado de alma (*psykhe*).
65. Ou seja, a alma do universo.
66. Quer dizer, a alma é *anterior* ao corpo, e não *posterior*.
67. Nós: seres humanos.

Entre o ser[68] que é indivisível e sempre imutável e o ser que vem a ser e é divisível em corpos, ele misturou uma terceira forma de ser composta dos dois primeiros, ou seja, do naturalmente *idêntico* e *diferente*; e, analogamente, ele o compôs a meio caminho entre aquele que entre eles é indivisível e aquele que é corporeamente divisível. E tomou os três e os mesclou todos conjuntamente numa forma,[69] para isso tendo que forçar o *diferente* à união com o *idêntico*, a despeito de se tratar de uma mescla naturalmente difícil. Ora, quando com o concurso do ser ele conseguiu mesclá-los e deles fez de três um, imediatamente se pôs a distribuir o todo dessa mescla em tantas porções quanto eram necessárias. E cada porção era uma mistura do *idêntico*, do *diferente* e do *ser*.

E ele começou a efetuar da seguinte maneira a divisão: primeiramente tomou uma porção do todo; em seguida, tomou uma porção correspondente ao dobro da primeira; a seguir tomou uma terceira porção uma vez e meia tão grande quanto a segunda e três vezes tão grande quanto a primeira porção; a quarta porção tomada por ele correspondia ao dobro do tamanho da segunda; a quinta ao triplo do tamanho da terceira; a sexta a oito vezes o tamanho da primeira; e a sétima a vinte e sete vezes o tamanho da primeira.

Depois disso, ele prosseguiu da maneira abaixo para preencher os intervalos na série das potências de dois, bem como os intervalos na série das potências de três: dividiu ainda porções adicionais da mescla original, instalando-as entre

---

68. ...ουσιας... (*usias*).
69. ...ιδεαν... (*idean*).

as porções acima indicadas, de modo a estabelecer duas medianias em cada intervalo – uma delas uma mediania que excedia seus extremos, sendo por eles excedida pela mesma parte ou fração proporcional de cada um desses extremos, respectivamente; a outra, uma mediania que excedia um extremo pelo mesmo número pelo qual era excedida por seu outro extremo.

E à medida que a inserção dessas conexões constituía intervalos novos nos intervalos anteriores – quer dizer, os intervalos de 3:2, 4:3 e 9:8 – ele avançou para preencher os intervalos de 4:3 com intervalos de 9:8. Isso ainda deixou, em cada caso, uma fração a ser representada mediante os termos da proporção numérica 256:243.

Desse modo, a mescla da qual ele estivera separando essas porções tornou-se finalmente consumida por completo.

Na sequência, ele dividiu em sentido longitudinal tudo o que havia combinado em duas partes; em seguida, juntou as duas metades centro a centro como um grande X; prosseguindo dobrou cada uma delas, de volta, num círculo, e as uniu, cada uma em relação a si mesma e também em relação à outra, num ponto oposto àquele onde haviam sido unidas pela primeira vez. E ele em seguida as circundou com o movimento de giro invariável no mesmo lugar; e tornou um dos movimentos giratórios externo e o outro interno. Decretou então que o movimento externo fosse o *movimento do idêntico*, e que o movimento interno fosse o *movimento do diferente*. E ele fez com que o movimento do idêntico fosse para a direita lateralmente, enquanto o movimento do diferente fosse para a esquerda diagonalmente; e ele conferiu predomínio ao movimento giratório do idêntico e do uniforme, caso exclusivo em que permaneceu não dividido, ao passo que dividiu o movimento giratório interno em seis lugares para produzir sete círculos desiguais, em conformidade com cada um dos intervalos duplos e triplos – três duplos e três triplos. Determinou que os círculos se movessem em direções contrárias, estabelecendo que dos sete círculos em que dividira o círculo interno três girassem numa velocidade igual, ao passo que os outros quatro girassem em velocidades desiguais, tanto entre si quanto em relação aos três já indicados; suas velocidades, contudo, eram todas reciprocamente proporcionais.

E uma vez que a construção da alma fora completada em conformidade com a satisfação de seu construtor, este prosseguiu confeccionando no interior dela tudo que é corpóreo,[70] e os unindo pelos seus centros, ajustou-os. A alma,[71] tendo sido tecida ao longo do céu[72] em todas as direções a partir do centro para a extremidade e o envolvendo circularmente a partir do exterior, e ela mesma girando dentro de si mesma, desencadeou um começo divino de vida incessante e inteligente que dura por todo o tempo. E enquanto o corpo do céu (universo) é visível, a própria alma é invisível, embora participe do raciocínio e da harmonia, tendo vindo a ser graças à ação do mais excelente dos seres inteligíveis e eternos e sendo ela a mais excelente das coisas geradas. Na medida, portanto, que ela é um composto, resultado da mescla das naturezas do *idêntico*, do *diferente* e do *ser*, dessas três porções, e é proporcionalmente dividida e associada, e gira em torno de si mesma, toda vez que

---

70. Tenha o leitor em mente sempre a anterioridade da alma em relação ao corpo.
71. Entenda-se a alma do universo.
72. ...ουρανον... (*uranon*): entenda-se *universo*.

entra em contato com algo cujo ser é dispersável, ou com algo cujo ser é indivisível, ela é movida através de todo seu ser e, então, expressa com o que exatamente esse algo se identifica, ou do que se diferencia, e em que relação, onde e como, bem como quando acontece de cada coisa existir e sofrer a ação de outras tanto na esfera do vir a ser quanto naquela do imutável. E sua expressão, sendo igualmente verdadeira no que toca tanto ao *diferente* quanto ao *idêntico*, nasce através do auto-movido na ausência do discurso ou do som; e toda vez que a expressão diz respeito a algo que é perceptível, o círculo do *diferente* move-se num curso direto e o proclama através de toda sua alma. É assim que opiniões e convicções sólidas e verdadeiras surgem; por outro lado, quando diz respeito ao que é racional e o círculo do *idêntico* gira genuinamente e o expressa, resultam necessariamente o entendimento e o conhecimento. Caso, entretanto, alguém venha a afirmar que a substância em que esses dois estados emergem é algo distinto da alma, o que afirma será qualquer coisa exceto o verdadeiro.

E quando o pai que o gerou[73] o percebeu em movimento e vivo, um monumento aos deuses eternos, também ele se regozijou; e estando ele efetivamente satisfeito, pensou em torná-lo ainda mais estreitamente semelhante ao seu modelo. Assim, vendo que esse modelo é um ser vivo eterno, ele empreendeu consumar sua criação, na medida do possível, de um tipo semelhante. Mas mesmo que fosse eterna a natureza do Ser Vivo, era impossível conferi-la plenamente a qualquer coisa que é gerada; portanto, ele concebeu produzir uma imagem móvel da eternidade, e à medida que ordenava

---

73. Ou seja, *que gerou o universo*.

o céu[74] ele produziu, simultaneamente, uma imagem eterna[75] daquela eternidade que permanece na unidade, e essa imagem se movendo de acordo com o número, mesmo o que chamamos de *tempo*.[76] De fato, simultaneamente à criação do céu,[77] ele concebeu a produção de dias, noites, meses e anos, os quais não existiam antes do céu (universo) ter sido gerado. Todos eles são porções do tempo; e *foi (era)* e *será* são formas do tempo *que foram geradas*,[78] noções que utilizamos incorretamente ao nos referirmos ao *ser eterno*.[79] De fato, dizemos que *é*, ou *foi (era)*, ou *será* quando, segundo o discurso verdadeiro, somente *é* é o termo apropriado; *foi (era)* e *será*, por outro lado, são termos de uso apropriado no *vir a ser* que flui no tempo, visto que ambos são movimentos. Mas não diz respeito ao que é sempre imutável em sua uniformidade tornar-se mais velho ou mais jovem no decorrer do tempo, nem jamais ter se tornado tal, nem ser assim agora, nem estar na iminência de o ser doravante, nem em geral estar sujeito a qualquer das condições que o vir a ser vinculou às coisas que se movem no mundo dos sentidos, sendo elas formas geradas do tempo, o qual imita a eternidade e circula de acordo com o número. Além disso, empregamos expressões como as seguintes: que o que veio a ser *é* o que veio a ser, que o que está vindo a ser *é* o que está vindo a ser, e também que o que virá a ser *é* o que virá a ser e que o que

---

74. Universo.
75. ...αιωνιον εικονα... (*aionion eikona*).
76. ...χρονον... (*khronon*).
77. Universo.
78. *Que vieram a ser.*
79. ...αιδιων ουσιαν... (*aidion usian*).

não é *é* o que não é. Nenhuma dessas expressões é exata.[80] Este, entretanto, talvez não seja o momento adequado para discutir meticulosamente essas questões.

O tempo, portanto, veio a ser (foi gerado) simultaneamente ao céu (universo), de modo que tendo sido gerados juntos pudessem ser também dissolvidos juntos, na hipótese de algum dia haver para eles uma dissolução; e veio a ser conforme o modelo da natureza eterna, de modo a poder assemelhar-se o máximo possível ao seu modelo; de fato, enquanto o modelo é algo existente por toda a eternidade, ela,[81] por seu turno, *foi, é* e *será* por todo o tempo continuamente. Assim, em decorrência desse raciocínio e projeto do deus, o qual visava o vir a ser do tempo, foram gerados o sol, a lua e outros cinco astros, que ostentam a denominação de errantes,[82] para a distinção e preservação dos números do tempo. E quando o deus construiu um corpo para cada um deles, acomodou-os nas órbitas traçadas para o curso do *diferente*: sete órbitas para os sete corpos. Acomodou a lua no primeiro círculo em torno da Terra, o sol no segundo círculo acima da Terra, e a Estrela Matutina[83] e o astro considerado sagrado a Hermes[84] foram acomodados por ele naqueles círculos que se movem numa órbita que, do ponto de vista da velocidade, iguala o sol,[85] sendo dotados, entre-

---

80. A inexatidão está em empregar o *é* (...ειναι... [*einai*]) tanto como verbo de ligação quanto com o significado de *existe (é)*, isto é, o sentido ontológico.
81. Isto é, a cópia.
82. ...πλανητα... (*planeta*), ou seja, Mercúrio, Vênus, Marte, Júpiter e Saturno.
83. Vênus.
84. Mercúrio.
85. Os antigos gregos admitiam uma teoria geocêntrica, ou seja, a Terra constituía o centro em torno do qual gravitavam os demais astros errantes (planetas) e, inclusive, o sol e a lua, que não eram considerados fixos.

tanto, de um poder contrário ao poder do sol; o que disso resulta é o sol, o astro de Hermes (Mercúrio) e a Estrela Matutina (Vênus) colherem um ao outro, ou serem colhidos um pelo outro. Quanto ao resto dos astros, caso nos dispuséssemos a indicar pormenorizadamente as posições em que ele os acomodou e todas as suas razões para fazê-lo assim, tal descrição, que teria aqui somente um peso secundário, revelar-se-ia um trabalho mais árduo do que o argumento central ao qual isso está subordinado. Talvez mais tarde, quando houver para isso oportunidade, esses pontos possam ser objetos da exposição que merecem.

Ora, quando cada um dos corpos cuja contribuição foi exigida para produzir o tempo alcançara a órbita que lhe cabia, e quando os corpos haviam sido gerados como seres vivos, tendo sido ligados com vínculos vivos e aprendido os deveres a eles destinados, principiaram a girar ao redor do circuito do *diferente*, o qual é transversal e atravessa o circuito do idêntico, sendo por isso dominado; [alguns desses corpos] moviam-se num círculo maior, outros num menor, os do menor mais velozmente, os do maior mais lentamente. E devido ao movimento do *idêntico*, os astros que se moviam circularmente com máxima velocidade pareciam ser colhidos pelos que se moviam com máxima lentidão, isso embora na verdade fossem eles que os colhessem; de fato, por conta de seu avanço concomitante em duas direções contrárias, o movimento do *idêntico*, o mais célere de todos os movimentos, produziu uma torção em espiral em todos esses círculos. O resultado disso é fazer o corpo que se afasta mais lentamente dele parecer o mais próximo. E para que fosse possível existir uma visível medida de suas velocidades relativas, lenta e veloz, mediante as quais percorriam circularmente suas oito órbitas, o deus acendeu uma luz na órbita que é a segunda a partir da Terra; é a luz a que chamamos de sol agora e sua principal função era brilhar, tanto quanto possível, por todo o céu (universo) e proporcionar a todos os seres vivos devidamente dotados e ensinados pelo movimento giratório do *idêntico* e do *semelhante* uma parcela do número. Foi dessa maneira e devido a essas razões que foram gerados a noite e o dia, os quais constituem o período de um único circuito, o mais inteligente. E transcorre um mês quando a lua completa sua própria órbita e colhe o sol; e um ano quando o sol completa sua própria órbita. Quanto a outros cursos orbitais, salvo por alguns poucos, não foram descobertos pelos seres humanos, daí não disporem de nomes para eles nem computarem e confrontarem suas medições relativas, de modo que via de regra ignoram que os "movimentos errantes" desses corpos, de difícil cálculo e assombrosa complexidade, constituem o tempo. É, não obstante, inteiramente possível discernir que o completo número do tempo leva à consumação o ano completo quando todos os oito circuitos periódicos, com suas velocidades relativas, findam juntos e, medidos pelo círculo do *idêntico* e do *semelhante*, atingiram sua meta. Foi desse modo e devido a essas razões que foram gerados todos esses astros que executam movimentos rotativos à medida que percorrem o céu (universo), objetivando que esse universo possa ser o mais semelhante possível ao ser vivo perfeito e inteligível imitando a natureza eterna deste.

Ora, em todos os demais aspectos este universo já fora, com o vir a ser do tempo, construído à semelhança de seu [modelo], mas na medida em que não tinha ainda gerado no interior de si toda a gama de seres vivos, havia ali ainda dessemelhança. Consequentemente, tal parte remanescente da obra ainda por ser realizada ele a realizou moldando-a segundo a natureza do modelo. Assim, em concordância com a percepção da inteligência de formas[86] que existem no ser vivo real, ele julgou que este universo deveria possuir tais formas e tantas quantas ali existem. Ora, essas formas são quatro: uma é a raça celestial dos deuses,[87] uma outra a raça alada que atravessa o ar, a terceira a forma que vive sob as águas, e a quarta a que caminha sobre os pés na superfície da terra seca. Quanto aos deuses,[88] ele os criou majoritariamente de fogo, de modo a irradiarem o maior brilho e beleza possível aos que os contemplam. Criou-os genuinamente esféricos para guardar semelhança com o universo e os colocou na inteligência do círculo dominante para acompanharem o curso do universo; ele os distribuiu por todo o céu para que constituíssem um verdadeiro adorno[89] destramente montado sobre o todo. E ele dotou cada um deles de dois movimentos: o de rotação, movimento invariável no mesmo lugar, pelo qual ele[90] pensa sempre pensamentos idênticos sobre os mesmos objetos, e o movimento para frente, movimento submetido ao domínio do movimento de revolução[91] do *idêntico* e do *semelhante*. No que diz respeito, porém, aos cinco outros movimentos,[92] esses deuses estão em repouso

---

86. ...ιδεας... (*ideas*).
87. Platão se refere aos astros, que são para ele divindades visíveis.
88. Entenda-se: os astros fixos, o que exclui os astros errantes (planetas), a lua e o sol.
89. ...κοσμον... (*kosmon*): Platão parece brincar com os sentidos dessa palavra, que também significa ordem e universo ordenado.
90. Isto é, o astro fixo.
91. ...περιφορας... (*periforas*), o movimento circular.
92. Ver pg. 50, nota 62 pertinente, e pg. 66.

e não se movem, de modo que cada um deles possa atingir o maior grau possível de perfeição. Foi, portanto, a partir dessa causa que vieram a ser todos esses astros *não errantes*[93] que são seres vivos, divinos e eternos, fixos e que giram uniformemente no mesmo lugar; quanto aos que desviam e erram, foram gerados da maneira anteriormente descrita. No tocante à Terra, que nos alimenta, e que ondula ao redor do eixo que se estende pelo universo, ele a construiu para ser a guardiã e a artesã da noite e do dia, tendo sido o primeiro e o mais velho entre todos os deuses que vieram a ser no céu (universo). Descrever os movimentos dançantes desses deuses, suas justaposições e as inversões e avanços relativos de seus cursos circulares sobre si mesmos, dizer quais dos deuses se encontram em suas conjunções e quantos estão em oposição, e em qual ordem e em quais ocasiões passam uns diante dos outros ou por trás dos outros, sendo ocultados de nossa vista para reaparecerem novamente – com isso produzindo terrores e portentos acerca de coisas vindouras com relação às pessoas incapazes de raciocinar – realizar tudo isso sem a observação de modelos desses movimentos seria um trabalho em vão. Assim, que essa explicação nos baste e que aqui se encerre nosso discurso relativo à natureza dos deuses visíveis e gerados.

No tocante às outras divindades, os *dáimons*,[94] descobrir e estabelecer sua origem constitui uma tarefa excessiva para nós, de modo que é necessário confiar naqueles que a estabeleceram no passado, os quais afirmaram que são descendentes dos deuses e que estão certamente bem informados a respeito

---

93. ...απλανη... (*aplane*).
94. ...δαιμονων... (*daimonon*).

de seus próprios ancestrais.[95] É, pois, impossível não crer nos filhos dos deuses, ainda que falte às suas explicações plausibilidade e a necessária demonstração, além do que como pretendem estar falando de assuntos de família, deveríamos acatar o costume e neles acreditar.[96] Portanto, com base no discurso deles, a geração desses deuses pode ser estabelecida por nós da seguinte maneira: a Terra[97] e o Céu[98] geraram Oceano e Tétis, que, por sua vez, geraram Forquis, Cronos e Reia e todos [os deuses] dessa geração; e de Cronos e Reia nasceram Zeus e Hera, e todos os que são, conforme sabemos, chamados de seus irmãos;[99] e desses, sucessivamente, outros descendentes.

Ora, quando todos os deuses, quer os que se movem visíveis,[100] quer os que se fazem visíveis somente na medida em que o desejam,[101] vieram a ser, o gerador do universo se dirigiu a eles nos seguintes termos:

'Deuses dos deuses, as obras das quais sou o artífice e pai não podem ser desfeitas exceto por minha vontade. Ora, ainda que seja possível desfazer tudo que foi feito, somente aquele que fosse perverso aquiesceria em desfazer o que foi bem montado e está em excelente condição. Assim, vós, considerando que viestes a ser, não sois nem inteiramente imortais, nem insuscetíveis de serdes desfeitos. Entretanto, não sereis, de modo algum, desfeitos, nem tereis a morte como destino,

---

95. Ver *Crátilo*, 402b. Obras Completas de Platão, Diálogos VI, *Clássicos Edipro*.
96. O tom deste período é claramente irônico.
97. ...Γης... (*Ges*).
98. ..,Ουρανου... (*Uranoy*).
99. Deméter, Héstia, Poseidon e Plutão (Hades).
100. Os astros.
101. Os deuses mitológicos, pré-olímpicos e olímpicos.

já que por minha vontade possuís um vínculo maior e mais soberano do que os vínculos com os quais, em vosso nascimento, fostes atados. Aprendei, portanto, agora o que a vós manifesto e declaro. Três raças mortais permanecem ainda não geradas, mas se não vierem a ser, o céu (universo) será incompleto, pois faltará em seu seio a totalidade das raças de seres vivos que tem que possuir para sua completude e perfeição. Mas se essas criaturas vierem a ser e partilhar da vida mediante minha ação, serão criadas iguais aos deuses. Portanto, para que possam ser mortais e este universo poder ser realmente um todo, vós deveis, como orientado pela natureza, empreender a tarefa de criar esses seres vivos, tomando como modelo a ser imitado o poder por mim exibido ao gerar a vós. E na medida em que lhes seja adequado possuir algo que partilhe do que designamos como *imortal*, alguma coisa considerada como divina e soberana naqueles entre eles que se predisponham sempre a agir segundo a justiça e segundo vós, começarei por plantar essa semente, entregando-a em seguida a vós. O resto da tarefa compete a vós: entremear o mortal com o imortal, moldar e gerar seres vivos, alimentá--los para que cresçam e, ao perecerem, recebê-los novamente.'

Tendo assim falado, ele mais uma vez, ocupando-se do anterior grande vaso[102] onde temperara e mesclara a alma do universo, nele verteu o restante dos ingredientes anteriores, misturando-os, de certo modo, de uma maneira idêntica, porém nesse ensejo não se atendo mais a um material uniforme e de invariável pureza, mas de um grau secundário

---

102. ...κρατηρα... (*kratera*), grande recipiente onde os gregos misturavam o vinho puro com água para depois servi-lo em taças individuais. O sentido da palavra aqui é restrito e específico, parecendo que Platão faz uma analogia do vinho puro com a alma do universo.

e terciário de pureza. E uma vez composto o todo, ele o dividiu num número de almas igual ao dos astros, destinando cada alma a um astro; instalou cada alma como se fosse numa biga,[103] e a elas mostrou a natureza do universo; a elas declarou as leis que haviam sido pré-estabelecidas, ou seja, a todas seria destinado um único e idêntico nascimento inicial, de maneira que nenhuma delas dele recebesse um tratamento diferenciado; e então ele semearia cada uma das almas no órgão do tempo que lhe fosse apropriado, no qual as almas deveriam desenvolver a natureza do mais temente aos deuses dos seres vivos, e, como os seres humanos têm dupla natureza, o tipo superior seria tal a ser doravante chamado de *homem*.[104] E quando, por força da necessidade, fossem implantadas em corpos, e seus corpos estando sujeitos ao ingresso e egresso de coisas neles, os efeitos ocorreriam necessariamente: para começar a percepção sensorial que é inata e comum a tudo que nasce de paixões violentas; em segundo lugar, o desejo sensual misturado com prazer e dor, ao que se somam o medo, a animosidade, todas as emoções aqui naturalmente associadas, bem como todas aquelas que são de um caráter diferente e contrário. E se tiverem domínio sobre elas, viverão com justiça, mas se forem por elas dominadas, suas vidas serão de injustiça. E se uma pessoa viveu bem o tempo que lhe cabe, retornará ao astro que lhe serve de morada, para viver uma vida venturosa que se coaduna com seu caráter; quanto ao indivíduo que falhou, nascerá uma segunda vez, mas transformado, isto é, com a natureza feminina, e se mesmo nessa condição não conse-

---

103. Ver *As Leis* (*em Clássicos Edipro*), Livro X, 899a.
104. ...ανηρ... (*aner*).

guir abster-se da maldade, receberá outra forma, desta vez a de algum animal selvagem que guarde semelhança com o caráter perverso que o indivíduo adquiriu; e essas transformações dolorosas não cessarão enquanto ele não se render à revolução do *idêntico* e do *semelhante* que está em seu interior, e subjugar pelo império da razão a massa pesada de fogo e água, ar e terra que a ele posteriormente aderiu – uma massa tumultuosa e irracional – com isso voltando à forma de seu estado inicial de excelência.

Tendo ele comunicado plenamente a elas todos esses decretos, de sorte que ficasse isento do futuro mal que viesse a ser perpetrado por qualquer uma delas, procedeu à semeadura delas, algumas na Terra, algumas na lua, outras nos demais *órgãos do tempo*.[105] Sucessivamente a essa semeadura, ele confiou aos jovens deuses a tarefa de moldar corpos mortais, e de construir e controlar todo o resto que ainda se fazia necessário adicionar à alma humana, acompanhado de tudo que lhe era pertinente; e [a tarefa de] governar essa criatura mortal da mais nobre e melhor maneira que pudessem, sem, entretanto, por sua ação, se converterem na causa de quaisquer males que tais criaturas pudessem atrair para si mesmas.

Tendo ele expresso todas essas determinações, permaneceu no estado que lhe é próprio e costumeiro. E à medida que ele assim permaneceu, seus filhos atentaram para as ordens de seu pai e as obedeceram. Em poder do princípio imortal do ser vivo mortal e imitando o próprio artífice que os criara, eles emprestaram do universo ordenado porções de fogo e

---

105. ...οργανα χρονου... (*organa khronoy*), ou seja, *astros*.

terra, água e ar, como se pretendessem devolvê-las, e aglutinaram numa unidade essas porções. Não foi, contudo, com esses vínculos indissolúveis mediante os quais eles próprios haviam sido unidos que eles uniram as porções, mas por meio de numerosas cavilhas compactas e invisíveis devido ao seu tamanho minúsculo; e assim construíram, com base nelas, cada corpo, e nos corpos – sujeitos ao ingresso e egresso – investiram as revoluções da alma imortal.[106] Estando as almas então vinculadas a um poderoso rio, nem o dominavam nem eram por ele dominadas, mas agitavam-no e eram por ele agitadas, de modo que o todo do ser vivo era movido, porém de um modo tão fortuito que seu progresso se revelava desordenado e irracional, uma vez que envolvia todos os seis movimentos:[107] para frente e para trás, para a direita e a esquerda e para cima e para baixo, movendo-se errante em todas as seis direções. De fato, por mais poderosa que fosse a enorme onda que supria nutrição em seu fluxo e refluxo, ainda maior era o tumulto, gerado no interior de cada ser vivo, resultante da colisão dos corpos toda vez que acontecia de o corpo de um ser vivo topar e colidir com o fogo externo distinto do próprio fogo do corpo, ou com uma massa informe e sólida de terra, ou com o fluxo deslizante das águas, ou quando era colhido por um furacão impulsionado pelo ar; os movimentos produzidos por todos esses encontros, precipitando-se através do corpo, tocaram a alma, razão pela qual todos esses movimentos foram então chamados de *sensações*,[108] sendo hoje ainda assim denomina-

---

106. ...αθανατου ψυχης... (*athanatoy psykhes*).
107. Platão não inclui aqui o movimento de rotação.
108. ...αισθησεις... (*aistheseis*), palavra aqui entendida por Platão como derivada de αισσω (*aisso*), precipitar-se, arremessar-se, agitar-se vivamente.

dos. Além disso, como naquele tempo constituíam, naqueles exatos momentos, movimento constante e propagado que se somava ao fluxo perpétuo na movimentação e agitação violenta das revoluções da *alma*, bloquearam completamente o curso do *idêntico* fluindo contra ele, obstruindo assim seu governo e seu avanço; por outro lado, agitaram a tal ponto o curso do *diferente* que nos três diversos intervalos do duplo e do triplo,[109] bem como nos termos médios e elos de ligação das proporções 3/2, 4/3 e 9/8, não sendo estes inteiramente suscetíveis de serem desfeitos exceto por aquele que os unira, produziram todo tipo de distorções, além de provocarem em seus círculos todo tipo possível de fraturas e rupturas, com a consequência de, à medida de mal conseguirem manter a união entre si, se moverem, mas irracionalmente, numa ocasião na direção invertida, noutra em obliquidade, noutra de cabeça para baixo. Suponhamos, por exemplo, que alguém está de cabeça para baixo, com a cabeça apoiando-se sobre a terra e os pés em contato com alguma coisa no alto: nessa posição, seu lado direito parecerá tanto a ele quanto aos que o observam como esquerdo, enquanto o seu lado esquerdo como direito. Isso, e tantas outras coisas similares, é precisamente o que experimentam intensamente as revoluções da *alma*; toda vez que topam com qualquer objeto externo, não importa se da classe do *idêntico* ou do *diferente*, o declaram como sendo idêntico a algo ou diferente de algo, quando a verdade corresponde exatamente ao oposto, com o que se revelam falsos, destituídos de inteligência e também em tais ocasiões de qualquer curso diretor e orientador. E sempre que sensações externas em seu movimento chocam-se com

---

109. Cf. pg. 52.

essas revoluções e varrem consigo inclusive o vaso inteiro da *alma*, as revoluções, ainda que efetivamente dominadas, parecem ter o domínio. Consequentemente, ocorre que, por conta de todas essas perturbações, tanto agora como no início, no passado, enquanto a alma está presa dentro de um corpo mortal, a ela falta inicialmente inteligência. Mas logo que ocorre redução do fluxo responsável pelo crescimento e nutrição, e as revoluções recuperam sua tranquilidade, retomando seu próprio curso e, no decorrer do tempo, se estabilizam cada vez mais, então finalmente, à medida que os vários círculos executam, cada um deles, seu movimento em conformidade com seu curso natural, seus movimentos circulares são endireitados e elas identificam corretamente o *idêntico* e o *diferente*, com o que tornam inteligente o seu possuidor. E se a pessoa contar igualmente com um reforço representado pela correta educação, tornar-se-á inteiramente sadia e íntegra, safando-se da pior das doenças; se, entretanto, nesse caso tiver se comportado com completa negligência, após viver uma existência claudicante retornará ao Hades imperfeita e tola. Isso, contudo, ocorre posteriormente.[110] Quanto ao nosso assunto em pauta, requer uma abordagem mais minuciosa, bem como os assuntos anteriores a ele, a saber, a geração dos corpos nas suas diversas partes e o que diz respeito à alma: é necessário indagar que causas e providência divina determinaram o vir a ser dessas coisas. Na discussão dessas questões a ser empreendida teremos que nos ater ao que confere a maior probabilidade, e prosseguir em consonância com isso.

---

110. Ver pg. 145 e seguintes.

Imitando a forma do universo, os deuses construíram as duas revoluções divinas num corpo esférico, a parte que chamamos agora de nossa cabeça, sendo esta a parte mais divina e soberana de todas as nossas demais partes. Montaram então o resto do corpo, entregando todo o seu conjunto à cabeça, para que esse conjunto a servisse, imbuídos da noção de que deveria ela participar de todos os movimentos que deviam existir. Assim, para que ela não rolasse sobre o solo, que possui toda ordem de altos e baixos, e ficasse desorientada quanto a como escalar os primeiros e descer dos segundos, eles a ela conferiram o corpo como um veículo e meio de transporte. Assim se explica porque o corpo adquiriu extensão, além de, graças à concepção divina, desenvolver quatro membros extensíveis e flexíveis destinados ao transporte, de modo que agarrando e se apoiando com esses membros seria capaz de se locomover por todos os lugares, portando no alto a morada da parte mais divina e mais sagrada de nós. Foi dessa maneira e em função desses motivos que pernas e mãos foram desenvolvidas em todos os seres humanos; e uma vez que requerem os deuses que o lado frontal seja superior ao posterior em honra e dignidade, eles nos concederam a capacidade de nos deslocarmos majoritariamente nessa direção. Isso exigiu que a parte frontal do corpo humano fosse distinta e dessemelhante da posterior. Assim, começando pela cavidade da cabeça, eles instalaram o rosto na sua frente, instalando internamente órgãos para toda a presciência da *alma*; e ordenaram que essa, que constitui a parte frontal natural, fosse a parte condutora. Olhos portadores de luz foram os primeiros órgãos por eles construídos, sendo estes fixados no rosto pela seguinte razão: conceberam que todo fogo dotado da propriedade não de incinerar, mas daquela de proporcionar uma luz suave, deveria formar um corpo aparentado à luz de todos os dias. De fato, eles fizeram com que o puro fogo no nosso interior, o qual tem afinidade com o fogo do dia, fluísse através dos olhos numa torrente suave e densa; que se acresça que comprimiram todo o órgão, especialmente o centro do olho, de maneira a obstruir todo o fogo mais grosseiro, permitindo a passagem e exteriorização do tipo mais puro do fogo.[111] Desse modo, toda vez que a torrente visual é circundada pela luz do meio-dia, o semelhante faz contato com o semelhante, ocorrendo uma fusão que resulta na formação de um corpo aparentado alinhado à direção da visão ocular; isso acontece quando o fogo que jorra do interior [do olho] se choca com um objeto exterior que oferece obstrução, mas com o qual esse fogo fez conexão. E esse corpo, tendo se tornado totalmente semelhante do ponto de vista de suas propriedades devido à similaridade de sua natureza, transmite os movimentos de tudo aquilo com que entra em contato, bem como com tudo aquilo que entra em contato com ele, e através de todo o corpo até atingirem a *alma*. O resultado é a produção daquela sensação que denominamos agora *visão*. Todavia, quando o fogo aparentado desaparece à noite, o fogo interior é interrompido; de fato, quando ele é emitido e se encontra somente com o que é dessemelhan-

---

111. Os antigos gregos desconheciam tanto o processo de formação da luz quanto o princípio da eletricidade, responsável, entre tantas outras coisas, pela produção artificial de luz. Daí não distinguirem cientificamente os conceitos de *fogo* e *luz* e acreditarem, por exemplo, que nossos olhos, eles próprios, emitem luz graças a esse fogo mais puro que, juntamente com todo o fogo – um dos elementos na formação do corpo humano – existe dentro de nós. A relação necessária entre a luz do dia (...φως ημερον... [*fos emeron*]), ou seja, a luz natural do sol (e nesse caso, os antigos gregos já sabiam que o sol é constituído essencialmente de fogo) e a luz de nosso corpo é evidente, pois precisamente um dos componentes primordiais de nosso corpo é o fogo (πυρ [*pyr*]).

te, sofre alteração e é extinto por não ser mais de natureza semelhante ao ar circundante, que é desprovido de fogo. Então ele não só faz cessar a visão, como também induz ao sono. De fato, as pálpebras, concebidas pelos deuses como uma proteção para a visão, ao serem cerradas encerram o poder do fogo interior, o qual então se dispersa e modera os movimentos internos, o que é sucedido por um estado de quietude. Ora, quando essa quietude se intensifica, mergulhamos num sono quase destituído de sonhos; quando, porém, alguns movimentos mais intensos ainda subsistem, conforme sua natureza e as posições por eles ocupadas, eles produzem imagens tão expressivas que parecem internamente copiadas e são lembradas por aqueles que dormem quando despertam de um sonho.

E não há mais dificuldade em compreender como as imagens são formadas nos espelhos e nas superfícies brilhantes e lisas de toda espécie. Todas essas reflexões necessariamente resultam da combinação mútua dos fogos interior e exterior sempre que se unem sobre uma superfície lisa e são desviados de maneira variada, por ação do fogo da face refletida se fundindo com o fogo da visão sobre a superfície lisa e brilhante.[112] Além disso, o esquerdo parecerá como direito, visto o contato ocorrer entre partes opostas do fluxo visual e partes opostas do objeto, o que contraria o modo usual de colisão. Por outro lado, o direito parecerá como direito e o esquerdo como esquerdo toda vez que a luz trocar de lado ao se fundir com o objeto mediante o qual se funde. Tal coisa acontece sempre que a superfície lisa dos espelhos, estando elevada deste e daquele lado, rechaça a parte direita

---

112. Cf. *Sofista*, 266c.

do fluxo visual para a esquerda e a parte esquerda para a direita. Que se acresça que quando essa mesma superfície lisa é virada no sentido longitudinal para a face, fará toda a face parecer de cabeça para baixo, o que é produzido porque rechaça a parte inferior do raio luminoso para o alto e a parte superior para a base.

Tudo isso que indicamos acima está entre as causas auxiliares que o deus põe ao seu serviço visando a aperfeiçoar, na medida do possível, a Forma daquilo que é o mais excelente; a maioria dos indivíduos, contudo, supõe que não sejam causas auxiliares, mas as causas primárias de todas as coisas, produzindo efeitos tais como resfriamento e aquecimento, solidificação e dissolução. Essas causas, entretanto, são incapazes de razão e entendimento em relação a qualquer coisa, qualquer fim. A propósito, como nos cabe afirmar, a única *coisa que é* dotada da propriedade que faculta a posse do entendimento é a *alma*, a qual é invisível, ao passo que o fogo, a água, a terra e o ar são corpos visíveis; ora, todo aquele que é amante do entendimento e do conhecimento tem necessariamente que buscar primeiramente as causas que dizem respeito à natureza inteligente,[113] e secundariamente todas as que se referem às coisas que são movidas por outras, elas mesmas, por sua vez [também] atuando como motores devido ao império da necessidade. E nós devemos igualmente imitar essa ação. Cumpre-nos pronunciar ambos esses tipos de causas, ainda que distinguindo as que, mediante o concurso do entendimento, são artífices de coisas belas e boas, de todas aquelas que, destituídas de inteligência, produzem sempre efeitos fortuitos e desordenados.

---

113. ...εμφρονος φυσεως... (*emfronos fyseos*).

Que bastem essas considerações relativas às causas auxiliares que contribuíram para que os olhos obtivessem a capacidade por eles agora possuída. Na sequência nos compete declarar a função maximamente benéfica desempenhada por elas por conta da qual o deus as concedeu a nós. Penso que a visão constitui a causa do supremo benefício que nos favorece, na medida em que nenhum dos discursos relativos ao universo agora apresentados jamais teria sido apresentado não houvesse o ser humano visto os astros, o sol ou o céu. Mas tais como são as coisas, a visão do dia, da noite, dos cursos periódicos de meses e anos, {*de equinócios e solstícios*},[114] conduziu à invenção do número e nos proporcionou não só a ideia de tempo, como também recursos para a investigação da natureza do universo. Isso nos possibilitou a filosofia, dádiva dos deuses à raça dos mortais que jamais foi superada e jamais será. Declaro ser esse o maior bem a nós oferecido pela visão. Quanto aos bens menores, por que deveríamos exaltá-los? Aquele que não é filósofo, se privado da visão deles está sujeito a emitir vãs lamentações! A causa e propósito, porém, desse bem supremo, como nos cabe declarar, é a seguinte: que o deus inventou a visão e a nós a conferiu para que pudéssemos observar as revoluções da inteligência no céu e as aplicássemos às revoluções do entendimento que se acha em nosso interior, uma vez que há um parentesco entre elas, ainda que as nossas sejam sujeitas à perturbação e aquelas sejam imperturbáveis; e que via aprendizado e participando dos cálculos naturalmente corretos, por imitação das revoluções absolutamente

---

114. { } Registrado por John Burnet, mas ausente nos textos de certos outros helenistas.

invariáveis do deus, nos capacitássemos a estabilizar as revoluções variáveis no interior de nós.

Idênticas declarações valem também para o som e a audição, concedidos pelos deuses visando ao mesmo e em função das mesmas razões. O discurso foi concebido com esse mesmo propósito, contribuindo imensamente nesse sentido; igualmente a música, na medida em que faz uso do som audível, foi concedida objetivando exprimir harmonia; no que diz respeito a esta, cujos movimentos são aparentados às revoluções da alma no nosso interior, constitui uma dádiva das Musas[115] àquele que na sua conduta no intercâmbio com elas agir com entendimento, não fazendo delas uso para o prazer irracional, o que parece corresponder ao atual procedimento das pessoas, mas as tendo como aliadas no empenho de restaurar a ordem à revolução na alma que tenha perdido sua harmonia, restituindo-lhe a concórdia consigo mesma. E devido à condição de falta de senso de medida e deficiência em graça presente na maioria de nós, o ritmo igualmente nos foi concedido pelas mesmas divindades a título de nosso auxiliar com as mesmas finalidades.

Em todo esse discurso proferido, exceto por uma pequena parte dele, foi realizada uma exposição do que é produzido pela razão. É indispensável, porém, que apresentemos também uma explicação do que *vem a ser* por força da necessidade.[116] Em verdade, o fato é que este universo ordenado nasceu como um composto produzido pela combinação de necessidade e razão. Na medida em que a razão exercia um

---

115. As nove ninfas (divindades femininas menores) protetoras das várias artes liberais.
116. ...αναγκης... (*anagkes*).

controle sobre a necessidade persuadindo-a a conduzir a maioria das coisas que *vêm a ser* rumo ao que é o melhor, o efeito desse controle da necessidade que cedeu à inteligente persuasão foi este nosso universo ser construído dessa maneira no início. Assim, se for o caso de narrar como ele realmente veio a ser de tal maneira, será necessário introduzir também a figura da *causa errante*[117] do modo que efetivamente atua. É imperioso, portanto, que eu volte sobre meus passos e contando com um novo ponto de partida que também se ajusta a essa matéria, retorne mais uma vez necessariamente ao início, e comece nossa presente investigação a partir desse ponto, tal como fiz com relação aos assuntos anteriores. É necessário examinar a real natureza do fogo e da água, bem como do ar e da terra na condição dessa natureza anteriormente à geração do céu, além das propriedades que possuíam antes dessa época; de fato, até agora ninguém explicou como eles[118] vieram a ser. Limitamo-nos a supor que sabemos o que é o fogo e cada uma dessas coisas, e as chamamos de princípios,[119] presumindo que são elementos[120] do universo, quando na verdade uma pessoa que tivesse sequer um mínimo de senso não ousaria compará-los, contando com qualquer probabilidade, com as sílabas. Para o momento, contudo, que meu procedimento seja o seguinte: não me ocuparei agora em enunciar o princípio, ou os princípios (ou não importa o termo que empreguemos) de todas as coisas – isso pela exclusiva razão

---

117. ...πλανωμενης αιτιας... (*planomenes aitias*).
118. Ou seja, os quatro elementos.
119. ...αρχας... (*arkhas*).
120. ...στοιχεια... (*stoikheia*): a mesma palavra empregada para designar as letras do alfabeto que constituem sílabas e palavras.

de que se mostra difícil para mim explicar minha opinião com base em meu método de exposição em pauta. Portanto, vós não deveis supor que eu venha a expô-los. Quanto a mim, não poderia jamais persuadir a mim mesmo de que estaria certo em tentar realizar uma tarefa de tal vulto. Sendo fiel, assim, rigorosamente ao que asseverei antes – a significação do discurso "provável" – tentarei como o fiz antes apresentar uma exposição tão "detentora de probabilidade" como qualquer outra (de fato, mais detentora) no tocante quer às coisas individuais, quer às universais, a partir do início. E tal como antes, ao principiar este discurso invoquemos o deus salvador[121] para que nos possibilite uma segura travessia através de uma exposição estranha e incomum, permitindo que alcancemos uma conclusão que tenha como base a probabilidade. E com isso que eu inicie o novo discurso.

É necessário, contudo, ao começar esse novo discurso a respeito do universo, realizar um maior número de distinções do que o que realizei antes; de fato, se distinguíamos então duas espécies, temos agora que enunciar um terceiro gênero. Do prisma de nossa exposição anterior, bastavam essas duas espécies, sendo uma delas proposta como modelo – inteligível e sempre existente de modo uniforme, enquanto a segunda proposta como imitação do modelo – sujeita ao vir a ser e visível. Dada a suficiência dessas duas espécies, não distinguimos um terceiro gênero naquela oportunidade. Agora, porém, o argumento parece nos forçar a revelar mediante palavras uma espécie que é difícil e imprecisa. Que função deveríamos supor que ela possui e qual será sua natureza? Particularmente é de se supor que

---

121. O deus salvador ou libertador, no caso, é geralmente Zeus.

ela seja o receptáculo e, por assim dizer, a nutriz do todo vir a ser. Entretanto, a despeito da verdade dessa afirmação, é necessário que a descrevamos com maior clareza. Trata-se de um empreendimento difícil, especialmente porque requer que discutamos primeiramente o problema do fogo e dos três outros elementos. De fato, no tocante a esses elementos, é difícil dizer que elemento em particular nos cabe realmente nomear como água de preferência a fogo, e qual deveríamos denominar como qualquer dos elementos em lugar de cada um deles e todos eles, permanecendo, a despeito disso, empregando uma terminologia confiável e estável. Como, nesse caso, administrarmos esse problema e qual a solução provável que podemos oferecer para ele? Para começar, percebemos aquilo que chamamos agora de *água* vindo a ser mediante condensação, segundo acreditamos, pedras e terra; e novamente [percebemos] essa mesma coisa por dissolução e dilatação vir a ser sopro do vento e ar; além disso, [percebemos] o ar, através da combustão, vindo a ser fogo; e inversamente, o fogo ao ser contraído e arrefecido, voltando à forma[122] de ar; e mais uma vez o ar por combinação e condensação convertendo-se em nuvem e névoa; e resultando disso, sob o efeito de maior compressão, em água corrente; e da água, novamente terra e pedras. Notamos, assim, os elementos transferindo entre si, como parece, o seu vir a ser num círculo ininterrupto. Em consonância com isso, uma vez que nenhum deles jamais permanece idêntico em sua aparência, qual deles poderá ser classificado definitivamente por alguém como sendo um elemento particular e autônomo, distinto dos outros,

---

122. ...ιδεαν... (*idean*).

sem que esse alguém incorra no ridículo? É impossível. Ao contrário, de longe o mais seguro procedimento para tratar desses elementos corresponde ao seguinte: seja qual for a coisa cuja mudança percebemos ocorrer continuamente de um estado para outro, digamos o fogo, essa coisa, ou seja, o fogo, nunca deve ser descrita por nós como *isso*, mas como *semelhante*; tampouco podemos jamais chamar a água de *isso*, mas de *semelhante*; nem podemos descrever qualquer outro elemento, ainda que apresente alguma estabilidade, de todas as coisas que indicamos, empregando os termos *isso* e *aquilo* e imaginarmos estar nos referindo a uma coisa definida. De fato, tal coisa – tal objeto – se esquiva e escapa aos nomes *isso* e *aquilo* e de qualquer outro que indica sua estabilidade. Desse modo, não devemos chamar os diversos elementos de "issos", mas com relação a cada um deles e todos no seu conjunto, cabe empregar o termo *semelhante* a fim de representar o que se mantém circulando. Assim, designaremos o que é constantemente *semelhante* como fogo, agindo igualmente em relação com tudo o mais que vem a ser. Mas aquilo "em que" cada um deles aparece individualmente para manter o vir a ser e "do que" sucessivamente cessam de ser é a única coisa que para descrever lançamos mão das expressões *isso* e *aquilo*; ao passo que para descrever o que é *semelhante*, por exemplo quente ou branco, bem como quaisquer das qualidades contrárias, ou qualquer composto delas, não devemos jamais recorrer a um ou outro desses termos.

É necessário, porém, nos esforçarmos para re-explicar esse tópico ainda mais claramente. Imaginai que alguém se pusesse a modelar todas as figuras possíveis no ouro, passando então, sem interrupção, a remodelar cada uma delas produzindo uma seguinte. Se outra pessoa, então, apontasse uma das figuras e perguntasse o que é, com suma certeza a melhor resposta a ser dada, a favor da verdade, seria responder que é ouro; entretanto, no tocante ao triângulo e a todas as demais figuras que nele assumiram forma, não seria cabível jamais descrevê-las como *ser*, visto que mudam até enquanto são mencionadas;[123] pelo contrário, seria o caso de contentar-se se a figura admitir meramente o título de *semelhante* a ela aplicado com algum grau de segurança. Quanto à natureza receptora de todos os corpos, vale a mesma explicação. É necessário chamá-la sempre pelo mesmo nome, porque ela nunca se afasta de seu próprio caráter, porque enquanto se conserva recebendo todas as coisas, não assume qualquer forma semelhante de qualquer das coisas que nela ingressam em lugar algum e de maneira alguma. Ela é, por natureza, a matéria de modelagem para tudo, as figuras que nela ingressam a movendo e imprimindo suas próprias marcas; e devido a essas figuras, ela parece diferente em diferentes ocasiões. E as figuras que entram e saem são imitações das figuras que sempre *são*, cópias impressas de um modo admirável e de difícil descrição – algo que seja objeto de nossa investigação mais tarde.

Nesta oportunidade, portanto, necessitamos conceber três gêneros, a saber, o da coisa que vem a ser, o daquilo em que a coisa *se transforma* (vem a ser), e o daquilo segundo o qual a coisa transformada é modelada, e que é a fonte de seu vir a ser. É apropriado comparar *aquilo que recebe* com a mãe, a *fonte* com o pai, e a *natureza gerada entre eles* com o filho; convém também perceber que se for o caso

---

123. Platão permanece contrapondo o *ser* ao *vir a ser*.

da impressão assumir vários aspectos, a substância em que foi colocada e estampada talvez não se ajuste à sua finalidade, a menos que fosse ela mesma desprovida de todas essas formas que ela está na iminência de receber de qualquer lugar. Se fosse semelhante a qualquer das coisas que nela entram, ao receber formas de um tipo oposto ou inteiramente diferente, à medida que chegassem as imitaria precariamente intrometendo-se em sua própria forma visível. Daí é correto que a coisa que é para receber dentro de si todos os tipos seja vazia de todas as formas; tal como com todos os unguentos fragrantes, os seres humanos, graças à engenhosidade artística, produzem essa condição e tornam tão inodoros quanto possível os líquidos que deverão receber os odores; e todos os que fazem a tentativa de modelar figuras em qualquer material mole se negam terminantemente a permitir que qualquer figura anterior permaneça aí visível, e começam por torná-lo regular e liso tanto quanto possível, a título de medida preliminar que antecede a realização da obra. Assim, do mesmo modo, o correto é que a coisa que é preparada para receber usualmente sobre toda sua extensão as cópias de todas as coisas inteligíveis e eternas seja ela mesma, por sua própria natureza, vazia de todas as formas. Assim, refreemos nosso discurso acerca daquela que é a mãe e receptáculo de *tudo aquilo que veio a ser* considerando-a como o visível e perceptível por todos os sentidos, quer o chamemos de terra ou ar, de fogo ou água, ou de quaisquer entre os agregados ou constituintes desses elementos. Pelo contrário, se em nosso discurso sobre ela a considerarmos como uma espécie invisível e amorfa, receptiva de tudo, e, de algum modo sumamente desconcertante e de compreensão extremamente difícil, participante do inteligível, não nos enganaremos. E na medida do que é possível quanto a atinar com sua natureza com base no discurso que proferimos até aqui, a maneira mais correta de discursar a respeito seria a seguinte: a sua parte que se inflama aparece a cada ocasião como fogo, a parte que foi liquefeita aparece como água; e aparece como terra e ar na medida em que recebe imitações deles.

Investiguemos, porém, o assunto mediante uma argumentação mais precisa formulando a questão: há algum fogo que subsiste por si mesmo ou qualquer dessas coisas que igualmente sempre classificamos como seres autossubsistentes, ou as coisas que vemos e que percebemos por meio dos sentidos corpóreos são as possuidoras exclusivas desse tipo de realidade, nada existindo além delas? Será uma mera afirmação vazia de nossa parte sustentar a existência perpétua de uma Forma inteligível de cada coisa,[124] não passando isso realmente de uma verbalização sem conteúdo? Ora, seria, por outro lado, impróprio nos limitarmos a descartar essa questão que se coloca ante nós, negando-lhe tanto um julgamento quanto um veredicto e simplesmente admitir que o fato é esse; por outro lado, não convém que sobrecarreguemos um discurso já tão longo com um prolixo discurso adicional. Se houvesse, contudo, a possibilidade de formular com brevidade algum princípio distintivo e determinante, isso atenderia da melhor maneira o nosso propósito.

Eis, portanto, a favor do que, de minha parte, voto. Se entendimento e opinião verdadeira são tipos distintos, com máxima certeza tais Formas autossubsistentes de fato existem apenas como objetos do entendimento, mas não

---

124. A teoria das Formas de Platão: ver o *Parmênides*, em Diálogos IV (*Clássicos Edipro*).

da percepção sensorial; todavia, se, como é o pensamento de alguns, a opinião verdadeira em nada difere do entendimento, nesse caso, ao contrário, todas as coisas que percebemos através de nossos sentidos corpóreos devem ser estimadas como as mais estáveis. Ora, mas esses dois tipos têm que ser declarados distintos por terem surgido independentemente e serem, do prisma da condição, dessemelhantes. De fato, é através do ensinamento que um deles surge em nós,[125] ao passo que a outra[126] surge em nós por força da persuasão; por outro lado, o primeiro é sempre acompanhado do discurso racional, enquanto a segunda é irracional; além disso, enquanto um [o entendimento] se mantém inalterado diante da persuasão, a outra [a opinião verdadeira] é sujeita à alteração pela persuasão; no que toca à segunda [a opinião verdadeira], cabe-nos asseverar que todos os *homens*[127] têm nela uma participação; mas no que respeita ao entendimento, dele participam somente os deuses e uma reduzida classe de *seres humanos*.[128] Diante disso, é necessário que concordemos que um tipo é a Forma idêntica a si mesma, que não vem a ser e é indestrutível, que não recebe em si qualquer outra procedente de lugar algum, nem ela mesma ingressando numa outra, que é invisível e inteiramente inacessível à percepção sensorial, cabendo ao entendimento a função de estudá-la. O segundo tipo tem em comum com o primeiro o nome, a ele é semelhante e é percebido pelos sentidos; está no âmbito do vir a ser,

---

125. Ou seja, o entendimento.
126. Ou seja, a opinião verdadeira.
127. ...ανδρα... (*andra*), seres humanos do sexo masculino.
128. ...ανθρωπων... (*anthropon*), seres humanos em geral, de ambos os sexos.

é objeto de transporte, sendo gerado num lugar e perecendo, por outro lado, fora desse lugar, e é apreensível pela opinião respaldada pela sensação. O terceiro tipo é o *espaço limitado*,[129] o qual existe sempre e é indestrutível; provê espaço a todas as coisas que vêm a ser e ele mesmo pode ser apreendido por uma espécie de raciocínio bastardo que não é acompanhado pela percepção sensorial e que mal é sequer objeto de crença; de fato, o consideramos como num sonho ao afirmarmos que tudo que existe tem necessariamente que estar em alguma parte, em algum lugar e ocupando algum espaço, e que aquilo que não existe em alguma parte, sobre a Terra ou no céu, de modo algum existe. Vemo-nos incapazes, nessa situação, de fazer todas essas distinções e outras que lhes são correlatas, inclusive no que toca à natureza insone[130] e verdadeiramente subsistente, porque nosso estado de sonho[131] nos torna incapazes de despertar e enunciar a verdade, ou seja: como aquilo para o que foi gerada uma imagem não é, de modo algum, inerente a essa imagem, que sempre se move rapidamente como um fantasma de uma outra coisa, mantém-se para o entendimento que a imagem venha, portanto, a ser em *alguma coisa*, de algum modo vinculada ao *ser* da melhor maneira que possa vincular-se, sob pena de não ser coisa alguma; quanto ao que realmente existe, porém, recebe assistência do discurso precisamente verdadeiro, de que enquanto uma coisa é uma coisa, e uma outra algo distinto, nenhuma das duas jamais

---

129. ...χωρας... (*khoras*).
130. ...αυπνον... (*aypnon*).
131. ...ονειρωξεως... (*oneiroxeos*).

virá a ser na outra, de modo que a mesma coisa se torna concomitantemente tanto uma quanto duas.

Que seja isso, então, uma síntese do discurso que, computado como meu voto, seria por mim proferido: que o ser, o espaço limitado e o vir a ser – três coisas distintas – existiam antes que o céu viesse a ser; e que a nutriz do vir a ser, liquefeita, inflamada e recebendo inclusive as formas da terra e do ar e experimentando todos os demais estados passivos que as acompanham, mostra toda variedade de aparência; entretanto, em virtude de estar repleta de potências que não são nem similares nem uniformemente equilibradas, em parte alguma de si ela se acha equilibrada, sendo ela mesma abalada por essas formas, ao passo que, por seu turno, as abala à medida que é movida. Quanto às formas, à medida que são movidas flutuam continuamente em diversas direções, sendo em seguida dissipadas, tal como as partículas, que são agitadas e joeiradas pelas peneiras e outros instrumentos que são empregados na limpeza dos grãos, caem num determinado lugar se são sólidas e pesadas, mas flutuam e se depositam em outra parte se são esponjosas e leves. O mesmo ocorreu com os quatro tipos quando foram agitados pelo recipiente, ou seja, o movimento dela,[132] como um instrumento que produz agitação estava separando o mais distante entre si o dessemelhante, e o mais próximo o semelhante; isso explica, a propósito, como esses tipos passaram a ocupar distintos lugares mesmo antes do universo ter sido organizado e vindo a ser com base neles. Antes desse tempo, na verdade, todas essas coisas encontravam-se num estado ao qual faltavam razão e medida; e quando a obra de

---

132. Quer dizer, da nutriz.

ordenamento do universo estava em andamento, o fogo, a água, a terra e o ar, ainda que possuindo a princípio certos traços de sua própria natureza, achavam-se dispostos, como é provável que todas as coisas se achem na ausência do deus; considerando ser essa sua condição natural naquela ocasião, o deus começou por conferir-lhes suas configurações distintivas usando para isso formas e números. E aqui se impõe algo que devemos sempre afirmar acima de tudo o mais em nosso discurso: o deus moldou esses quatro tipos para serem tão belos e excelentes quanto possível, o que não eram até então. Trata-se agora, todavia, de empenhar-me em explicar-vos a disposição e origem desses tipos, um a um, empreendendo essa tarefa mediante uma forma expositiva incomum. Como já tendes alguma familiaridade com o método que necessito utilizar em minha exposição, estou seguro que me acompanhareis.

Em primeiro lugar, estou certo quanto a poder presumir que todos estão cientes de que o fogo, a terra, a água e o ar são corpos; além disso, a forma corpórea de tudo possui também profundidade. Que se acrescente que é absolutamente necessário que a profundidade seja limitada por uma superfície plana, e que a superfície retilínea é composta por triângulos. Todos os triângulos têm sua origem em dois triângulos,[133] cada um destes possuindo um ângulo reto e os demais agudos; um desses dois triângulos[134] possui em cada um dos outros dois vértices uma porção igual de um ângulo reto, o que é determinado por sua divisão por lados

---

133. Ou seja, um triângulo retângulo isósceles e um triângulo retângulo escaleno.
134. O isósceles.

iguais; o outro triângulo[135] possui partes desiguais de um ângulo reto nos seus outros dois vértices, o que é determinado pela divisão do ângulo reto por lados desiguais. Isso é estabelecido por nós como os princípios de origem do fogo e dos outros corpos, num procedimento segundo um método que encerra a associação da probabilidade com a necessidade; os princípios, contudo, que são ainda mais elevados do que esses, são de exclusivo conhecimento do deus e do homem[136] que goza da amizade do deus. Cabe-nos agora declarar quais são os quatro corpos mais admiráveis, os quais, embora dessemelhantes entre si, são capazes, em parte, de se produzirem mutuamente através de dissolução; se tivermos êxito nessa tarefa, teremos apreendido a verdade acerca do vir a ser da terra, do fogo e dos proporcionais intermediários.[137] De fato, jamais admitiremos a quem quer que seja que haja quaisquer corpos mais admiráveis do que esses, cada um distinto em seu tipo. Portanto, é necessário nos empenharmos seriamente em combinar esses quatro tipos de corpos de admirabilidade insuperável, declarando que apreendemos apropriadamente sua natureza.

Ora, dos dois triângulos, o isósceles apresenta uma natureza singular, enquanto o escaleno uma natureza infinitamente múltipla; dessas múltiplas naturezas, se pretendemos começar de maneira adequada, temos que selecionar a mais admirável. Nesse caso, se alguém for capaz de afirmar que selecionou uma outra mais admirável para a construção desses corpos, na qualidade de um amigo e não de um inimigo,

---

135. O escaleno.
136. ...ανδρων... (*andron*).
137. A água e o ar.

se sagrará vencedor. Quanto a nós, contudo, ignoraremos os outros aspectos e postularemos como o mais admirável dos triângulos o triângulo a partir do qual – uma vez sejam dois combinados – o triangulo equilátero seja construído na condição de uma terceira figura. A razão para isso nos exigiria contar agora uma história demasiado longa; entretanto, se alguém nos contestasse com respeito a isso e descobrisse que não é assim, não hesitaríamos em entregar-lhe o prêmio [pelo feito]. Em conformidade com isso, que esses dois triângulos – o isósceles e aquele que tem invariavelmente o quadrado do seu maior lado correspondente a três vezes o quadrado do seu la-do menor – sejam selecionados como aqueles dos quais são constituídos o fogo e os outros corpos.

A essa altura, é preciso definir com maior clareza um aspecto que permaneceu obscuro em nossas considerações anteriores. A impressão que se teve é que se os quatro tipos [de corpos], no seu processo de vir a ser, transformaram-se todos entre si, tal impressão foi enganosa. De fato, dos triângulos selecionados por nós são gerados quatro tipos; desses quatro tipos, três a partir do triângulo que tem lados desiguais, enquanto somente o quarto tipo é composto do triângulo isósceles. A consequência é nem todos serem capazes de se decompor um no outro de modo a formar uns poucos corpos grandes a partir de muitos corpos pequenos, ou o contrário. Todavia, três deles admitem tal processo, pois todos os três são naturalmente compostos a partir de um triângulo, de modo que por ocasião da decomposição dos corpos maiores, muitos corpos de pequeno tamanho se formarão desses mesmos corpos, recebendo as formas que lhes cabem; e, inversamente, quando numerosos corpos pequenos são decompostos em seus triângulos, o produto de sua combinação será uma grande massa única de outro tipo. Isso basta a título de nossa explicação de como [esses corpos] se geram mutuamente.

Na sequência cabe-nos explicar a forma[138] na qual cada um deles veio a ser e os números que, tendo se combinado, os compuseram. Em primeiro lugar, apresentar-se-á aquela forma que é a primária, possuidora dos componentes que são os menores: seu elemento é aquele triângulo cuja hipotenusa tem a extensão correspondente ao dobro do lado menor do triângulo. Ora, quando dois de tais triângulos são justapostos ao longo da linha da hipotenusa (o que é realizado três vezes e traçando as hipotenusas e os lados curtos convergindo para um ponto único como centro), o produto disso é um triângulo equilátero único composto de seis triângulos do tipo em pauta. E quando quatro triângulos equiláteros são combinados, um só ângulo contínuo é formado na junção de três ângulos planos, esse ângulo contínuo se colocando, na ordem, junto do mais obtuso dos ângulos planos. E quando são produzidos quatro ângulos como esse, é construída a primeira figura sólida, a qual divide em partes iguais e semelhantes o todo da esfera circunscrita.[139] O segundo sólido[140] é formado com base nos mesmos triângulos, mas é construído a partir de oito triângulos equiláteros, o que produz um ângulo contínuo a partir de quatro ângulos planos. Uma vez formados seis ângulos contínuos, o segundo corpo é completado. O terceiro sólido[141] é composto de uma combinação de cento e vinte dos triângulos elementares e de

---

138. ...ειδος... (*eidos*).
139. Essa figura sólida é o tetraedro (pirâmide) e Platão está se referindo à molécula de fogo.
140. Octaedro: referência à molécula de ar.
141. Icosaedro: referência à molécula de água.

doze ângulos contínuos, cada um destes contido por cinco triângulos equiláteros planos. [Esse corpo] possui, por conta de sua produção, vinte faces triangulares equiláteras.

O primeiro dos triângulos elementares deixou de atuar após haver gerado os três sólidos acima; quanto à natureza do quarto tipo [de sólido],[142] foi gerado pelo triângulo isósceles. Associados em grupos de quatro com os ângulos retos traçados associativamente no centro, produziram um quadrilátero equilátero;[143] seis desses quadriláteros quando combinados deram origem a oito ângulos contínuos, sendo que cada um desses são compostos de três ângulos retos planos; o corpo assim construído tinha a forma cúbica, apresentando seis faces quadrangulares equiláteras planas. Percebendo a presença remanescente de uma quinta figura composta,[144] o deus a utilizou para a decoração do universo.

Alguém que raciocinasse sobre tudo isso poderia ficar confuso quanto a se deveria sustentar a existência de uma multiplicidade infinita de universos ordenados ou um número limitado deles; e se assim ficasse e se questionasse corretamente, acabaria por concluir que a doutrina de uma multiplicidade infinita é a de alguém *não versado*[145] em coisas em que devia ser versado. A questão, porém, de se tratar verdadeiramente de um ou cinco universos é uma questão em que não devemos nos deter. Segundo nossa opinião, há

---

142. Ou seja, o cubo: referência à molécula de terra.
143. Isto é, um quadrado.
144. O dodecaedro.
145. Platão aqui possivelmente brinca com o duplo sentido de απειρους (*apeiroys*), que significa tanto ilimitado, infinito, quanto inexperiente, ignorante, não versado. Ele contrapõe ...απειρου... (*apeiroy* [não versado, inexperiente]) a ...εμπειρον... (*empeiron* [versado, experiente]).

um, isso em conformidade com a explicação provável. Uma outra pessoa,[146] considerando outros aspectos, sustentará uma opinião distinta. Devemos, contudo, pô-la de lado.

Quanto aos tipos gerados em nosso discurso, atribuamo-los individualmente ao fogo, terra, água e ar: atribuamos a forma cúbica à terra, já que dos quatro tipos a terra constitui o corpo mais imóvel e o mais plástico; de fato, o corpo sólido possuidor das bases mais estáveis tem necessária e preeminentemente essas características. Bem, dos triângulos que supomos originalmente, a base que é formada por lados iguais é, naturalmente, mais estável do que a base formada por lados desiguais; no que respeita às superfícies planas compostas por esses diversos triângulos, o quadrilátero equilátero (quadrado) – quer em suas partes, quer como um todo – possui uma base mais estável do que o triângulo equilátero. Assim, preservamos a explicação provável ao atribuir essa figura [sólida] à terra, e entre as demais figuras [sólidas] a menos móvel à água, a mais móvel ao fogo e a figura intermediária ao ar;[147] isso significa, ademais, que atribuímos o corpo mais diminuto ao fogo, o maior à água e o intermediário ao ar; por outro lado, do ponto de vista da agudeza das bordas, o primeiro mais agudo é atribuído ao fogo, o segundo mais agudo ao ar e o terceiro mais agudo à água. No tocante a esses corpos sólidos, o que possui o menor número de bases é necessariamente o mais móvel, visto que ele, mais do que qualquer outro, possui as bordas mais cortantes e mais aptas ao corte em todas as direções.

---

146. O tom é genérico e indefinido, mas é possível que Platão se referisse nesse caso a Leucipo e Demócrito.

147. Ver nossas notas anteriores que referem as quatro figuras sólidas aos quatro elementos.

É necessariamente também o mais leve porque composto do número mínimo de partes idênticas. O segundo corpo se posiciona em segundo lugar na posse dessas mesmas propriedades, e o terceiro corpo ocupa a terceira posição.

Consequentemente, em consonância com a explicação correta e com a probabilidade, o sólido que assumiu a forma de uma pirâmide constituirá o elemento e a semente do fogo; na ordem de geração, afirmamos que o segundo é o ar, a água vindo em terceiro. Devemos conceber todos esses [corpos] tão diminutos a ponto de nenhum deles, se tomado isoladamente e na individualidade de seu tipo, ser visível para nós; quando, porém, muitos deles formam uma coletividade, suas massas são visíveis. Além disso, no que se refere às proporções numéricas que regulam suas massas, movimentos e suas demais propriedades, temos que pensar que quando o deus os consumou com exatidão, na medida em que a natureza da necessidade se submeteu voluntariamente, ou foi persuadida, ele os ordenou em harmoniosa proporção.

Com base em tudo que dissemos até aqui acerca desses tipos, o seu comportamento, com toda a probabilidade, será o que se segue. A terra conservará seu movimento quando acontecer de topar com o fogo e for submetida à dissolução produzida pela agudeza do fogo, não importa se essa dissolução ocorrer dentro do próprio fogo ou dentro de uma massa de ar ou de água; esse movimento continuará até que as partículas de terra eventualmente se encontrem em algum lugar, recombinem-se entre si, transformando-se novamente em terra. De fato, seguramente a terra jamais mudará, assumindo uma outra forma. Quanto à água, entretanto, toda vez que é dissolvida pelo fogo, ou até mesmo pelo ar, é suscetível de se converter num composto, com base em um corpúsculo de fogo associado a dois de ar; além disso, os fragmentos de ar resultantes da dissolução de uma partícula constituirão dois corpúsculos de fogo. Por outro lado, sempre que uma peque-na quantidade de fogo é envolvida por uma grande quantidade de ar e água, ou de terra, movendo--se em seguida dentro deles à medida que se movem precipitadamente, acabando, a despeito de sua resistência, por ser vencida e fragmentada, o resultado é dois corpúsculos de fogo se combinarem para constituir uma forma de ar. Quando, por sua vez, o ar é sobrepujado e dissolvido, será composta uma inteira forma de água a partir de duas e meia formas inteiras de ar.

Agora, mais uma vez ponderemos o caráter [dessas transformações] da maneira que se segue. Toda vez que qualquer um dos outros tipos distintos do fogo é apanhado dentro deste, é por ele seccionado devido à agudeza de seus ângulos e da linha de suas bordas; entretanto, quando é reconstituído na natureza do fogo, deixa de ser seccionado; de fato, uma coisa, de qualquer tipo que seja, semelhante e uniforme não é, de modo algum, capaz de produzir qualquer mudança num tipo que esteja num estado semelhante e uniforme, ou ser por ele afetada. Todavia, enquanto algo que participa de uma transformação tiver como seu contendor algo mais forte do que ele, sofrerá uma dissolução incessante. Por outro lado, sempre que alguns dos corpúsculos menores, tendo sido colhidos por uma grande quantidade de corpúsculos maiores, forem fragmentados e debelados, poderão deixar de ser debelados se admitirem ser reconstituídos sob a forma do tipo que os venceu, de modo que ar surgirá do fogo e água do ar; mas se resistem a essa combinação ou àquela com qualquer um dos demais tipos, sua dissolução não findará enquanto não forem *ou* expulsos rumo aos seus próprios semelhantes, por força de impacto e fragmentação, *ou* então vencidos, caso em que em lugar de assumirem múltiplas formas, são assimilados pelo tipo vencedor, continuando a partilhar da morada deste. Além disso, é devido ao que experimentam que todos eles permutam seus lugares; de fato, a título de efeito da agitação do recipiente, as massas de cada um dos tipos são dissociadas entre si, passando cada uma a ocupar sua própria região; mas, pelo fato de algumas partes de um tipo particular realmente se tornarem ocasionalmente dessemelhantes de seus eus anteriores, e semelhantes aos outros tipos, são transportadas pela agitação para a região ocupada por esta ou aquela massa, cuja semelhança estão adquirindo.

São essas as causas que explicam o vir a ser de todos os corpos puros e primários. Entretanto, dentro desses quatro tipos há outras classes cuja causa é necessário buscar na construção de cada um dos dois triângulos elementares, tendo tal construção originalmente produzido não tão-só um triângulo de um único tamanho definido, mas triângulos de maior e menor tamanho, apresentando tamanhos tão numerosos quanto as classes dentro dos tipos. A consequência é a infinidade de sua variedade quando são combinados com eles mesmos e entre si; e aqueles que pretendem utilizar a explicação provável no tocante à natureza têm que manter em vista essa variedade.

Ora, a não ser que cheguemos a algum consenso no que concerne ao movimento e a fixidez, quanto a como e em quais condições se manifestam, nosso argumento seguinte terá diante de si sérios obstáculos. Já nos referimos parcialmente a eles, mas cabe-nos acrescentar aqui que não há movimento na uniformidade, visto que é difícil, ou melhor, impossível para aquilo a ser movido existir sem o motor, ou para este último existir sem o que é para ser movido; ora, quando um ou outro está ausente, não há movimento, ao passo que [quando se acham presentes], a uniformidade é para eles inteiramente impossível. Em conformidade com isso, devemos sempre situar a fixidez na uniformidade e o movimento na não-uniformidade. A causa da natureza não-uniforme encontra-se na desigualdade, cuja origem já explicamos;[148] não explicamos, contudo, o como esses corpúsculos não são separados entre si tipo por tipo e não se detêm no seu movimento e transformações recíprocas. Isso, assim, nos impõe fazer uma nova exposição da matéria nos termos que se seguem. A revolução do universo, na medida em que compreende os [quatro] tipos, exerce compressão sobre eles, porque é circular e apresenta uma tendência natural a *concentrar-se sobre si mesma*;[149] o resultado é não permitir que reste nenhum espaço vazio. Eis a razão porque o fogo, mais do que [os outros três elementos], permeou todas as coisas, o fazendo em segundo lugar o ar, já que é o segundo [elemento] mais sutil; o mesmo ocorre com os restantes. De fato, [os corpos] gerados a partir das partes maiores apresentarão os maiores vazios como remanescentes em sua construção, ao passo que [os corpos] gerados a partir das menores apresentarão os mais ínfimos vazios. Um processo de concentração e contração comprime as pequenas partes para o interior dos vazios das grandes. Assim, quando pequenos corpos são colocados ao lado de grandes, os menores produzindo a desintegração dos maiores

---

148. Essa referência talvez seja às pp. 84, 85 e seguintes.
149. Platão se refere à força centrípeta.

enquanto estes integram os menores, todos eles se deslocam em sentido ascendente e descendente na direção das regiões que lhes são próprias; a mudança de seus tamanhos individuais causa a mudança também de sua posição no espaço. Como desse modo e por conta desses motivos a geração de não-uniformidade é sempre preservada, ela promove de maneira incessante o movimento perpétuo desses corpos tanto no presente quanto no futuro.

Na sequência cumpre-nos observar que há múltiplos tipos de fogo: por exemplo, a chama, e o tipo que brota da chama – o qual não queima, mas supre luz para os olhos – além do tipo que, uma vez extinta a chama, permanece entre as brasas. Igualmente no que diz respeito ao ar: há o tipo mais translúcido que denominamos *éter*, o mais opaco, que consiste em névoa e escuridão, e outras espécies inominadas que são produzidas devido à desigualdade dos triângulos. Quanto aos tipos da água, constituem, numa primeira divisão, dois, o líquido e o tipo fusível.[150] O tipo líquido, na medida em que possui partículas de água desiguais, tem mobilidade tanto em si mesmo quanto ao sofrer ação externa, em função de sua não-uniformidade e da configuração de sua forma. No que toca ao outro tipo, porém, composto de partículas grandes e uniformes, trata-se de um tipo mais estável do que o primeiro, além de ser pesado, sua uniformidade produzindo sua solidificação; quando, porém, o fogo nele penetra e o dissolve, isso o leva a abandonar sua uniformidade, e uma vez perdida essa torna-se mais suscetível ao movimento; no momento em que se tornou inteiramente móvel, é impulsionado pelo ar adjacente e estendido sobre a terra; recebeu um

---

150. Alusão aos metais.

nome descritivo para cada uma dessas modificações: *fusão* no que respeita à desintegração de suas massas, e *fluidez* para sua extensão sobre a terra. Por outro lado, como o fogo ao ser expelido desse tipo de água não se transfere a um vazio, mas exerce pressão sobre o ar adjacente, este, por seu turno, exerce compressão sobre a massa líquida ainda móvel impelindo-a às moradas do fogo e o associa consigo mesmo; quanto à massa, sofrendo assim compressão e mais uma vez recuperando sua uniformidade, em função do afastamento do fogo, o agente de sua não-uniformidade, volta ao seu estado de identidade de si. Dá-se o nome de *resfriamento* a essa cessação da ação do fogo, e de *solidificação* à combinação que se sucede ao seu afastamento.

De todos esses tipos de água que chamamos de fusíveis, o que consiste das partículas mais finas e mais uniformes e que se revelou como sendo o mais denso de todos – único em seu gênero e com o matiz de um amarelo brilhante, é o ouro, que constitui nossa mais valiosa posse, filtrado através de pedras e solidificado. E o rebento do ouro, duríssimo devido à sua densidade e de cor negra, é chamado de *adamas*.[151] Quanto ao tipo que se assemelha bastante ao ouro nas suas partículas, mas que apresenta múltiplas formas, sendo mais denso do que o ouro, contendo porções pequenas e finas de terra que o tornam mais duro e sendo, por outro lado, também mais leve por ter dentro de si grandes interstícios – esse tipo particular das águas sólidas e brilhantes que apresenta

---

151. ...αδαμας... (*adamas*): este termo não designa para nós a rigor e exatamente algo específico, se referindo genericamente a algum minério ou metal extremamente duro, que poderia ser a platina, a magnetita, o diamante, a hematita ou mesmo o aço.

essa composição, é chamado de *cobre ou bronze*.[152] A parte de terra que está aí misturada passa a se distinguir por si mesma quando essa parte e a parte restante da mistura se desenvolvem no decorrer do tempo e novamente se separam; passa a ser chamado então de verdete.[153]

Se tivermos em vista um discurso que conte com a probabilidade não teremos mais dificuldade em fornecer uma explicação completa do resto dos itens desse gênero. No que toca a isso, caso alguém se desse um tempo, pondo de lado argumentos pertinentes aos *seres perpétuos*,[154] extraindo com isso um prazer despreocupado de considerar discursos prováveis acerca do vir a ser, supriria sua vida com um entretenimento a um tempo moderado e sensato. Assim, concedamos rédea solta agora a esse entretenimento e continuemos expondo as probabilidades subsequentes que dizem respeito a esses mesmos itens da maneira que se segue.

A água que é mesclada com fogo, a qual é fina e fluida, é chamada de *líquido*, devido ao seu movimento e ao modo como rola sobre a terra. Ela é, inclusive, mole pelo fato de suas bases,[155] com menos estabilidade do que as da terra, cederem. Quando esse tipo [de água] é separado do fogo e do ar e é isolado, adquire maior uniformidade; contudo, em função da saída [do fogo e do ar], ela sofre compressão sobre si mesma; e ocorrendo, assim, sua solidificação, sua parte acima da Terra que é a mais afetada por esse processo é denominada *granizo*, enquanto sua parte na superfície da

---

152. ...χαλκος... (*khalkos*) designa tanto o metal *cobre* quanto a liga metálica *bronze*.
153. ...ιος... (*ios*), ou acetato de cobre.
154. ...των οντων αει... (*ton onton aei*), *as coisas [que são] sempre*.
155. Referência à molécula de água, correspondente à figura sólida do icosaedro.

Terra [é denominada] *gelo*; no que diz respeito à sua parte menos afetada e que permanece ainda apenas semissólida, quando se encontra acima da Terra é chamada de *neve* e quando na superfície da Terra e solidificada a partir do orvalho, de *geada*.

Com referência à maioria das variedades de água que se combinam, o tipo como um todo, o qual consiste de água que foi submetida a um processo de filtragem através de plantas que se desenvolvem da terra, é chamado de *seiva*. Entretanto, na medida em que as diversas variedades se tornaram dessemelhantes devido à combinação recíproca, a maioria das classes assim produzidas carece de nomes. Quatro dessas classes, porém, receberam nomes pelo fato de serem ígneas e particularmente conspícuas. Entre essas, a que aquece a alma bem como o corpo é chamada de *vinho*; a que é lisa e produz um efeito divisor na visão e que, por isso, tem aparência brilhante e resplandecente ao olhar é a espécie *óleo*, que abrange o pez, o óleo de mamona, o próprio azeite[156] e todos os demais de idênticas propriedades; que se acresça [o tipo] que relaxa as partes contraídas da boca tanto quanto naturalmente possível, propriedade que possibilita a produção da doçura, [tipo] que responde pela denominação geral de *mel*; ademais, há o tipo espumante, que sendo cáustico, tem a propriedade de decompor a carne humana e animal – esse [tipo] é segregado da seiva [das árvores] e chamado de *opos*.[157]

---

156. ...ελαιον... (*elaion*), óleo de oliva.
157. ...οπος... (*opos*): genericamente o suco segregado pelo tronco de certas árvores, como possivelmente a figueira; específica e restritamente, *opos* designa o suco de consistência leitosa extraído da figueira para ser usado com a finalidade de coalhar o leite.

Entre as espécies de terra, a que é filtrada através da água converte-se num corpo pedregoso aproximadamente da maneira que se segue. Quando a água que está misturada com ela sofre uma fragmentação no processo de mistura, muda para a forma de ar; uma vez transformada em ar, investe em sentido ascendente para sua própria região; todavia, por não haver espaço vazio acima dela, o resultado é ela exercer pressão sobre o ar que lhe é adjacente, o qual, sendo pesado, ao ser pressionado e precipitado em torno da massa de terra, produz o esmagamento desta e a leva sob sua compressão a preencher os espaços dos quais o novo ar subia. Quando a terra é assim submetida a essa compressão do ar, de maneira a ser insolúvel na água, constitui *pedra*; dessa [pedra] o tipo mais nobre é o composto de partes iguais e uniformes e que apresenta transparência, enquanto o tipo mais grosseiro é o oposto. Há [também] o tipo do qual a umidade foi totalmente removida pela célere ação incineradora do fogo; esse tipo é de uma composição tal que o torna mais quebradiço do que o primeiro tipo. Trata-se daquele tipo ao qual conferimos o nome de *argila*.[158] Às vezes, contudo, quando alguma umidade permanece na terra, que é fundida pelo fogo e novamente arrefece, ela forma a espécie [de pedra] que é de cor negra.[159] Há, ademais, dois tipos que igualmente são isolados depois da mistura de grande quantidade de água; são compostos de partes mais diminutas de terra e são salinos; quando adquirem uma semissolidez e se tornam novamente solúveis na água, um deles constitui um catártico de óleo e terra formador de uma espécie denominada

---

158. ...κεραμον... (*keramon*), por extensão louça de argila ou cerâmica.
159. A referência é, presumivelmente, à lava.

salitre; quanto ao outro, que se ajusta bem com as mesclas que afetam a sensibilidade da boca, envolvendo o sabor, é a substância usualmente denominada, e com razão, como *cara aos deuses*,[160] ou seja, o *sal*.

Quanto aos compostos desses dois [tipos], solúveis pelo fogo e não pela água, o que explica sua composição é o seguinte: fogo e ar não fundem massas de terra; de fato, na medida em que as partículas deles são menores do que os interstícios da estrutura da terra, eles dispõem de espaço para atravessar sem grande esforço esses interstícios, deixando a terra sem ser dissolvida, resultando que ela permanece não fundida [e intacta]; [diferentemente], as partículas de água, que são maiores, têm que forçar sua travessia e saída, provocando consequentemente a dissolução e fusão da terra. Assim, quando a terra não é, de maneira forçada, condensada, é dissolvida exclusivamente pela água; na hipótese de ser condensada, é dissolvida somente pelo fogo, uma vez que não resta nenhuma entrada exceto aquela para o fogo. Assim, igualmente somente o fogo é capaz de dissolver a água que foi comprimida com máxima força, ao passo que o fogo, mas também o ar, são capazes de dissolver a água que se acha num estado de menor constrangimento; esse último[161] o faz abrindo caminho pelos interstícios, ao passo que o primeiro[162] por meio dos triângulos; porém, o ar quando condensado à força só pode ser dissolvido por seus triângulos elementares, ao passo que quando sua condensação é sem constrangimento, o ar é dissolvido somente pelo fogo.

---

160. ...θεοφιλες... (*theofiles*); cf. Homero, *Ilíada*, Canto IX, 214.
161. Ou seja, o ar.
162. Ou seja, o fogo.

No que respeita às classes de corpos que são compostos de terra e água, enquanto a água ocupa os interstícios de uma dada massa de terra sob intensa contração, as porções de água que se aproximam provindo de fora não encontram como ingressar, limitando-se a fluir ao redor da massa inteira, que permanece não dissolvida. Quando porções de fogo penetram nos interstícios da água, os efeitos que produzem sobre a água são idênticos aos produzidos pela água sobre a terra; assim, as únicas causas da substância composta ser dissolvida e fluir são elas. Entre esses compostos, os que contêm menos água do que terra, formam a inteira classe conhecida como *vidro*, além de todas as espécies de pedra designadas como *fusíveis*; por outro lado, aqueles que contêm mais água cobrem todos os corpos solidificados do tipo da cera e do *perfume que queimamos*.[163]

Com isso completamos nossa explicação dos quatro tipos, os quais são distinguidos por suas formas multifárias, suas combinações e intercâmbios; resta-nos, porém, ainda tentar esclarecer as causas que dão conta de suas propriedades afetivas. Antes de tudo, [atentemos] para a propriedade da percepção sensorial que necessariamente diz respeito aos objetos aqui discutidos; ainda não descrevemos, entretanto, o vir a ser da carne e aquilo que lhe é pertinente, nem da parte mortal da alma. Contudo, na verdade não há como explicar adequadamente esses tópicos independentemente do assunto das propriedades sensíveis, como tampouco esse segundo assunto sem fazer referência ao primeiro. Por outro lado, explicá-los simultaneamente beira a impossibilidade. Por conseguinte, trata-se de começar por um ou outro,

---

163. Isto é, o incenso.

deixando para uma etapa posterior a discussão de nossas hipóteses. A fim, portanto, de possibilitar a abordagem das propriedades afetivas na imediata sequência dos tipos, vamos supor como factual a existência do corpo e da alma.

Inicialmente, examinemos o que entendemos ao classificar o fogo como *quente* observando o modo em que atua sobre nossos corpos dividindo-os e cortando-os. Todos estamos cientes de que essa sua propriedade é de ser agudo. Entretanto, a fineza de suas bordas, a agudeza de seus ângulos, a pequenez de suas partes e a celeridade de seu movimento – propriedades que tornam o fogo incisivamente perfurante de maneira a produzir cortes agudos em tudo com que topa – têm que ser consideradas e explicadas evocando-se o vir a ser de sua forma, indagando se é essa substância, acima de qualquer outra, que divide nosso corpo e o corta em minúsculos pedaços, de modo a produzir naturalmente tanto a propriedade que chamamos de *quente* quanto o seu próprio nome.

A propriedade contrária é óbvia, ainda que por isso não dispense uma descrição. Sempre que líquidos com partículas maiores que circundam o corpo nele ingressam, sua ação ocorre no sentido de expulsar as partículas menores; entretanto, como são incapazes de ocupar o espaço antes ocupado pelas partículas menores, passam a comprimir a umidade no nosso interior, de sorte que produzem imobilidade e densidade em lugar de não-uniformidade e movimento, isso como resultado da uniformidade e compressão. Apesar disso, aquilo que sofre contração antinatural resiste e, em conformidade com sua natureza, arroja-se para longe na direção contrária. A essa resistência e agitação damos os nomes de *tremor* e *enregelamento*; quanto a essa experiência como um todo, bem como sua causa, recebeu o nome de *frio*.

Mediante o termo *duro* designamos todas as coisas sob cujo contato nossa carne cede, enquanto mediante o termo *mole* todas aquelas que cedem ao contato de nossa carne; e esses termos são empregados de maneira semelhante na sua relação mútua. Tudo quanto se mantém sobre uma base pequena propende a ceder; no entanto, quando é construído com bases quadrangulares, contando com base muito sólida, trata-se de uma forma maximamente inelástica; e assim também é tudo cuja composição é muito densa e que possui máxima rigidez.

A natureza do *pesado* e do *leve* poderia ser explicada com suma clareza se paralelamente também examinássemos a natureza daquilo que chamamos de *acima* e de *abaixo*. A suposição de que existe realmente por natureza duas regiões distintas e inteiramente opostas, cada uma delas ocupando uma metade do universo – uma denominada *abaixo* para a qual se moveriam todas as coisas dotadas de qualquer massa corpórea, a outra denominada *acima*, na direção da qual todas as coisas se moveriam involuntariamente, somente sob a ação de uma força que as constrange – [*essa suposição*] é completamente errônea.[164] De fato, na medida em que o céu na sua totalidade é esférico, todas as suas partes mais externas, uma vez que equidistantes do centro, têm efetivamente que ser *as mais externas* num grau semelhante; além disso, o centro – o qual se distancia de todas as partes mais externas segundo as mesmas medidas – tem que ser concebido como

---

164. Provável alusão ao atomismo de Demócrito.

oposto a todas elas. Constatando, assim, ser essa realmente a natureza do universo ordenado, qual dos corpos que mencionamos pode ser situado *acima* ou *abaixo* sem incorrer-se com justiça na acusação de estar empregando um nome completamente inadequado? De fato, não é possível que a região central do universo ordenado seja corretamente designada como *acima* ou *abaixo*, mas tão-só como *central*; enquanto sua circunferência nem é central nem possui ela qualquer parte mais divergente do que uma outra em relação ao centro ou qualquer de suas partes opostas. Mas relativamente àquilo que é, em todos os aspectos, uniforme, quais nomes opostos poderíamos supor que são corretamente aplicáveis, ou em que sentido? De fato, na hipótese de haver um corpo sólido equilibrado com regularidade no centro do universo, ele não seria jamais transportado a qualquer das extremidades devido à sua uniformidade em todos os aspectos; mas se fosse possível para alguém executar uma trajetória ao redor dele, essa pessoa estaria reiteradamente numa posição nos seus próprios antípodas e classificaria a mesmíssima parte dele ora de parte *acima*, ora de parte *abaixo*. De fato considerando que o todo[165] é, como afirmamos há pouco, esférico, a asserção de que ele possui uma região *acima* e uma região *abaixo* não faz sentido.

Quanto à origem desses nomes e o seu real significado que explica o fato de costumeiramente procedermos a essas distinções verbais até mesmo no que tange ao céu inteiro, isso é algo que é necessário determinarmos com base nos princípios que se seguem. Suponhamos que um indivíduo tivesse que assumir sua posição na região do universo onde

---

165. ...ολον... (*olon*): leia-se céu ou universo.

a substância do fogo faz sua morada particular, e onde também essa substância para a qual ele se move é coletada na maior das massas; suponhamos, ademais, que dispondo do poder de realizar isso, ele empreendesse a separação de algumas porções do fogo e sua pesagem, colocando-as nos pratos da balança. Quando erguesse o travessão dos pratos e impulsionasse mediante força para o ar diferente, é evidente que forçaria a massa menor com maior facilidade do que a maior. De fato, se duas massas são erguidas simultaneamente mediante um único esforço, aquela que é menor necessariamente cederá mais, ao passo que a maior menos por conta de sua resistência à força aplicada; e nesse caso se dirá que a grande massa é *pesada* e que se move *para baixo*, enquanto a pequena é *leve* e que se move *para cima*. Ora, trata-se precisamente do que devemos nós mesmos descobrir atuando aqui em nossa região. Postados sobre a Terra e separando diversas coisas terrestres – e às vezes a própria terra – arrastamo-las para o ar diferente mediante força e de maneira antinatural, já que esses dois tipos prendem-se àquilo que lhe é afim; à medida que a forçamos para o tipo diferente, a massa menor cede mais facilmente, aderindo primeiramente, razão pela qual a classificamos como *leve* e como *acima* a região para a qual a forçamos; e no que se refere aos seus opostos, os chamamos de *pesado* e *abaixo*. A consequência é haver uma necessária diferença entre eles nas suas relações recíprocas, porque as principais massas dos tipos ocupam regiões opostas entre si; de fato, quando compararmos o que é leve numa certa região com o que é leve na região que se opõe a essa, e o pesado com o pesado, o *abaixo* com o *abaixo* e o *acima* com o *acima*, detectaremos que todos eles mudam, são opostos, oblíquos e diferentes em todos os aspectos nas suas relações recíprocas. Contudo, há um fato único a ser observado no tocante a todos eles, a saber: é a passagem de cada tipo individual para a massa com a qual tem afinidade que torna *pesado* o corpo que se move, e *abaixo* a região para a qual esse corpo se move; em contrapartida, as condições opostas produzem efeitos contrários. Que seja essa, portanto, nossa explicação do que faz com que [coisas tenham] tais propriedades.

No que toca ao *liso* e ao *áspero* entendo que qualquer pessoa seria capaz de discernir as causas dessas propriedades, bem como explicá-las a outras pessoas. De fato, esse último[166] é efeito da combinação da dureza com a irregularidade, enquanto o primeiro[167] constitui efeito da combinação da regularidade com a densidade.

Um aspecto muitíssimo importante remanescente, que concerne às propriedades que exercem um efeito comum sobre o corpo enquanto um todo, tem a ver com as causas de prazeres e dores nos casos que estivemos abordando, bem como em todos os casos em que nas partes corpóreas se registram sensações que envolvem em si mesmas dores e prazeres simultâneos. Tentemos, portanto, apreender as causas que têm conexão com todas as propriedades perceptíveis e imperceptíveis da maneira que se segue, tendo em mente a distinção anteriormente traçada por nós entre naturezas facilmente móveis e dificilmente móveis. De fato, será desse modo que teremos que rastrear tudo aquilo que tencionamos apreender. Quando aquilo que tem fácil e natural mobilidade é impressionado por até mesmo um pequeno

---

166. Isto é, o áspero.
167. Isto é, o liso.

distúrbio, transmite-o de uma maneira circular, as partículas encarregando-se de passar de uma a outra essa mesma impressão até alcançar a inteligência e anunciar a função do agente. Uma coisa do tipo oposto, porém, sendo estável e destituída de movimento circular, é perturbada somente em si mesma, não movendo nenhuma outra partícula vizinha; por conseguinte, uma vez que as partículas não transmitem entre si o distúrbio inicial, este deixa de impressionar o ser vivo como um todo, tornando o distúrbio não percebido. É o que ocorre com os ossos, pelos e todas as demais partes que consistem principalmente de terra, ao passo que o caráter anterior tem a ver particularmente com a visão e a audição, o que se deve ao fato de que o principal poder que lhes é inerente é o do fogo e do ar.

Quanto à natureza do prazer e da dor, devemos concebê-la da seguinte maneira: quando um distúrbio[168] antinatural e violento ocorre em nosso interior de maneira intensa, é doloroso, ao passo que o retorno à condição natural, igualmente de maneira intensa, é prazeroso;[169] um distúrbio suave e gradual não é captado pelos sentidos, enquanto acontece o contrário com o distúrbio de caráter oposto. Quanto àquele distúrbio que ocorre na sua integralidade prontamente é completamente perceptível, porém não envolve nem dor nem prazer; é o caso, por exemplo, dos distúrbios da própria corrente visual que, como dissemos antes,[170] à luz do dia vem a ser um corpo em continuidade com nós mesmos. De fato,

---

168. ...παθος... (*pathos*): genérica e latamente tudo aquilo que experimentamos, em contraposição a tudo que fazemos – a paixão em contraposição à ação – ou, em outras palavras, tudo aquilo que afeta nosso corpo ou nossa alma.
169. Ver *A República*, Livro IX, 583c e segs. A obra *A República* consta em *Clássicos Edipro*.
170. Cf. pg. 70.

nenhuma dor é aí produzida devido a cortes, queimaduras ou qualquer outra coisa experimentada; tampouco gera prazeres a sua reversão à sua forma original; ela,[171] porém, tem as percepções mais intensas e claras no que diz respeito a qualquer objeto que a afeta, incluindo todo objeto com o qual colide ou em que toca; de fato, a força está inteiramente ausente quer de sua dilatação, quer de sua contração. No que se refere, contudo, aos corpos compostos de partículas maiores, visto que apresentam dificuldade para ceder ao que age sobre eles e pelo fato de transmitirem seus movimentos ao todo, experimentam prazeres e dores: estas quando são alterados, e prazeres quando são devolvidos à sua condição original. Que se acresça que todos esses corpos que experimentam perdas substanciais e esvaziamentos paulatinos, porém reabastecimentos intensos e copiosos, se tornam insensíveis aos esvaziamentos, mas sensíveis aos reabastecimentos; consequentemente, não introduzem dores à parte mortal da alma, mas os maiores prazeres, efeito evidente no caso de perfumes. Todas essas partes, porém, que são submetidas a violentas alterações e que de modo paulatino e mediante dificuldade são restauradas à sua condição anterior produzem resultados opostos aos que indicamos por último; e é evidente que é esse o caso das queimaduras e cortes do corpo.

Com isso fizemos uma exposição bastante completa dos distúrbios que são comuns ao corpo como um todo, tanto quanto dos termos que são empregados aos agentes que os produzem. Na sequência, cabe-nos tentar, se o pudermos, expor o que ocorre nas diversas partes individuais [de nos-

---

171. Ou seja, a corrente visual.

sos corpos], ocupando-nos tanto dos próprios distúrbios quanto de suas causas, as quais residem nos agentes a que são atribuídos.

É necessário, portanto, que comecemos por nos empenhar no maior esclarecimento possível daqueles distúrbios que omitimos quando tratávamos anteriormente dos sabores, sendo estes distúrbios próprios da língua. Parece que também esses distúrbios, como a maioria dos outros, são produzidos graças a certas contrações e dilatações; e, ainda mais do que no caso de outros distúrbios, esses distúrbios que constituem propriedades [da língua] envolvem a aspereza e a lisura. A propósito, todas as partículas terrestres que ingressam na área em torno das minúsculas veias que, estendendo-se até o coração, atuam, por assim dizer, como instrumentos de teste da língua, ao produzirem um impacto sobre as partes úmidas e macias da carne e serem dissolvidas, contraem esses minúsculos vasos e os dessecam; e quando mais ásperas essas partículas parecem adstringentes, ao passo que quando menos [ásperas], parecem secas. Tudo aquilo que exerce um efeito detergente sobre as veias e lava toda a área da língua, é classificado como amargo quando o realiza de maneira excessiva e ataca a língua a ponto de dissolver parte da substância que lhe é própria; é a propriedade, por exemplo, dos álcalis; por outro lado, aquilo que possui uma propriedade menos forte do que os álcalis, sendo detergente a uma intensidade moderada, a nós parece salgado e mais agradável na medida em que não apresenta o severo amargor. Quanto àquilo que compartilha do calor da boca, com o que se torna também macio, é completamente inflamado e, por seu turno, retorna o que tem de ígneo ao que o tornou quente; sua leveza o faz ascender aos sentidos da cabeça, seccionando todas as partes com as quais colide.

E por força dessas propriedades, todas essas coisas são chamadas de *picantes*. Por outro lado, quando partículas, que já foram refinadas mediante decomposição, e que ingressam nos vasos estreitos, revelam simetria com relação às partículas de terra e de ar neles encerrados, resultando no desencadeamento do recíproco movimento circular delas e sua fermentação; em consequência dessa *fermentação*, [as partículas de terra e ar] circundam-se entre si e assumem novos lugares, com o que criam novos orifícios que envolvem as partículas que ingressam. O efeito desse processo em que o ar é velado numa película úmida às vezes de terra, às vezes pura, é a formação de vasos úmidos, ocos e globulares de ar; e os formados de umidade pura são os glóbulos transparentes aos quais nos referimos com a designação de *bolhas*, enquanto os formados de umidade terrosa e que se agitam num movimento ascendente são designados por nós com os termos *efervescência* e *fermentação*, ao passo que a causa desses distúrbios é chamada de *ácido*.

Um distúrbio que constitui o oposto de todos esses distúrbios que acabamos de descrever resulta de uma condição oposta. Sempre que a composição das partículas úmidas que ingressam nos vasos da língua tem natural afinidade com a condição da língua, essas partículas ingressantes tornam lisas as partes ásperas e as lubrificam, e em alguns casos contraem, ao passo que em outros relaxam as partes que foram dilatadas ou contraídas de maneira antinatural; o resultado é restabelecer todas essas partes, tanto quanto possível, à sua condição natural; e todo remédio desse jaez dos distúrbios violentos, uma vez que é prazeroso e agradável a todos, é chamado de *doce*.

É quanto basta para esse assunto.[172] Na sequência, no que tange à capacidade das narinas, esta não encerra tipos fixos. A razão disso é a completa gama de cheiros constituir uma classe semi-formada, nenhum tipo detendo a simetria necessária para conter qualquer cheiro; de fato, nossos vasos nesses órgãos são demasiado estreitos para os tipos de terra e água, ao passo que demasiado amplos para os tipos de fogo e ar, de modo que ninguém jamais captou qualquer cheiro desses [elementos], mas somente de substâncias que se encontram em processo de serem umedecidas ou decompostas, ou fundidas ou evaporadas. De fato, os cheiros surgem no estado de transição quando a água está se convertendo em ar, ou este se convertendo em água, não passando todos eles de vapor ou névoa, a passagem de ar para água sendo névoa, enquanto a de água para ar é vapor; o que explica porque os cheiros na totalidade são mais tênues do que a água e mais espessos do que o ar. Seu caráter torna-se claro quando se respira forçadamente na presença de algo que obstrui a respiração; nesse caso nenhum cheiro que acompanha é filtrado, tudo que passa sendo tão-só a respiração, isolada dos cheiros. Por conta dessas razões, as variedades desses cheiros carecem de nomes, não sendo oriundas quer de formas múltiplas, quer de formas simples, sendo indicadas apenas por dois termos distintivos, ou seja, *prazeroso* e *doloroso*; desses um deles[173] irrita e afeta violentamente toda a nossa cavidade corpórea situada entre a cabeça e o

---

172. Ou seja, o assunto dos sabores.
173. Isto é, o doloroso.

umbigo, enquanto o outro[174] suaviza essa área e a devolve agradavelmente à sua condição natural.

O terceiro tipo de percepção dentro de nós que nos cabe descrever em nosso exame é a audição, bem como as causas responsáveis pela produção das propriedades ou distúrbios que lhe dizem respeito. Formulemos em caráter geral que o som é uma percussão transmitida por meio dos ouvidos e produzida pela ação do ar sobre o cérebro e o sangue, atingindo a alma; e que a *audição* é o movimento resultante disso, o qual começa na cabeça e termina aproximadamente na base do fígado; e que todo movimento célere produz um som *agudo*, e que todo movimento mais lento produz um som mais *grave*; e que o movimento uniforme produz um som *regular* e *suave*, ao passo que o movimento não-uniforme produz um som *áspero*; e que um movimento amplo produz um som alto, enquanto o movimento oposto produz um som *baixo*. O tema da harmonia sonora deve necessariamente ser abordado numa seção posterior de nossa exposição.

Resta ainda um quarto tipo de percepção, que somos obrigados a subdividir porque compreende uma vasta diversidade, que coletivamente designamos como *cores*. Consiste de uma chama que brota dos diversos corpos, e que encerra partículas tão proporcionais ao fluxo visual a ponto de produzir sensação.[175] No que se refere ao fluxo visual, já nos limitamos a indicar as causas de sua geração.[176] Portanto, no que toca às cores, a explicação que se segue é a que reúne

---

174. Isto é, o prazeroso.
175. A concepção platônica da produção das cores é correlata e análoga à da produção da luz e da ação de ver. Cf. pg. 70.
176. Páginas 70, 71.

maior probabilidade e racionalidade. Das partículas que se afastam das restantes e colidem com o fluxo visual, algumas são menores, outras maiores, e algumas de tamanho idêntico às partículas do próprio fluxo; as de idêntico tamanho são imperceptíveis e as chamamos de *transparentes*, enquanto as maiores, que contraem o fluxo visual, e as menores, que o dilatam, têm parentesco com as partículas de calor e de frio que afetam nossa carne, com as partículas adstringentes que afetam a língua, e com todas as partículas geradoras de calor que designamos como *amargas*. *Branco* e *preto*, consequentemente, são propriedades de contração e dilatação, sendo realmente idênticas a essas outras propriedades, ainda que isso ocorra numa classe distinta, o que explica apresentarem uma aparência diferente. São estes, portanto, os nomes que nos cabe lhes atribuir, ou seja, aquilo que dilata o fluxo visual é *branco*, enquanto o seu oposto é *preto*; ora, quando um movimento mais célere de uma espécie diferente de fogo ataca o fluxo visual e o dilata até atingir os olhos, penetrando e dissolvendo as próprias passagens dos olhos, descarrega um volume de fogo e água resultante que chamamos de *lágrimas*. E esse movimento de penetração, consistindo ele próprio de fogo, topa com o fogo procedente da direção oposta; quando um fluxo ígneo salta a partir dos olhos como um relâmpago e o outro os adentra, sendo, contudo, extinto pela umidade, a agitada mistura resultante gera cores de todos os matizes. Atribuímos o nome *resplandecimento* a essa experiência que nos afeta e [os adjetivos] *claro* e *brilhante* ao objeto que a produz. Por outro lado, quando o tipo de fogo intermediário entre esses alcança o líquido dos olhos e se combina com ele, não se mostra brilhante, mas em função da combinação do raio ígneo com a umidade, produz uma cor de sangue, que chamamos de *vermelho*. E quando o claro é combinado com vermelho e branco, o resultado é o *amarelo*. Seria, todavia, tolo declarar quais são as proporções da combinação das cores, mesmo se pudéssemos conhecê-las: nessas matérias não é possível de maneira apropriada proporcionar qualquer fundamento necessário ou razão provável. O vermelho combinado com preto e branco resulta em *púrpura*; quando, porém, essas cores são combinadas mediante uma incineração mais completa e maior adição de preto, o resultado é o *violeta*; o *castanho* resulta da combinação do amarelo com o cinza, ao passo que este resulta daquela do branco com o preto; o branco com o amarelo resultam na cor *ocre*. Por outro lado, quando o branco é combinado com o *claro* e imerso num preto carregado, converte-se numa cor *azul escura*; e o *azul escuro* combinado com o branco torna-se *azul claro*; quanto ao castanho, combinado com preto converte-se em *verde*. No que diz respeito aos demais matizes, fica bastante claro com base nesses exemplos quais são as combinações graças às quais devemos identificá-los de um modo a preservar o caráter provável de nosso discurso. Se, entretanto, qualquer investigador submetesse essas matérias a um teste experimental, demonstraria sua ignorância da diferença entre a natureza humana e a divina, visto que é o deus que é suficientemente sábio e poderoso para combinar o múltiplo com o uno e decompor, inversamente, o uno no múltiplo, enquanto nenhum ser humano teria capacidade para uma ou outra dessas tarefas agora ou em qualquer época no futuro.

Sendo essas as naturezas necessárias de todas essas coisas, o *artífice*[177] do maximamente belo e melhor as tomou naque-

---

177. ...δημιουργος... (*demiurgos*), ou seja, o construtor e modelador do universo ordenado (*kosmos*) a partir da *massa imensa e desordenada dos elementos esparsos no espaço* (*khaos*).

le tempo entre as coisas vindas a ser quando engendrava o *deus autossuficiente e o mais perfeito*;[178] e embora ele haja utilizado as propriedades inerentes [a essas coisas] como causas auxiliares, ele próprio projetou o bem em tudo que estava vindo a ser. É por isso que devemos distinguir entre duas espécies de causa, a necessária e a divina, e buscar em todas as coisas a divina no interesse de conquistar uma vida de felicidade, na medida em que nossa natureza o permita, além do que [devemos] buscar a necessária por causa da divina, reconhecendo que sem a primeira será impossível discernir exclusivamente por si mesmos os outros objetos pelos quais nos empenhamos, ou apreendê-los, ou deles participar de qualquer maneira.

Uma vez que temos agora diante de nós completamente separados, tal como a madeira pronta para o carpinteiro, os diversos tipos de causas com base nas quais o resto de nosso discurso tem que ser entretecido, retornemos mais uma vez com brevidade ao nosso ponto de partida[179] e passemos rapidamente ao mesmo ponto de que partimos na nossa presente posição. Desse modo, nos esforçaremos agora para adicionar um coroamento[180] final, que se harmonize com o que foi dito anteriormente, ao nosso discurso.

Como afirmamos no início,[181] todas essas coisas encontravam-se num estado desordenado quando o deus nelas

---

178. ...τον αυταρκη τε και τον τελεωτατον θεον... (*ton aytarke te kai ton teleotaton theon*). O Demiurgo é aqui concebido como anterior, distinto e criador do mais perfeito entre os deuses. Ver, entretanto, pg. 116.
179. Página 74.
180. ...κεφαλην... (*kefalen*), literalmente *cabeça*.
181. Cf. especialmente pp. 45, 65 e seguintes.

introduziu proporções (na medida do que lhes era possível quanto à proporção e harmonia), conferindo-lhes tanto individualmente proporção consigo mesmas quanto em relação às outras coisas. Naquela ocasião nada participava [da proporcionalidade], salvo por acaso, como tampouco era possível nomear qualquer coisa que fosse digna de menção e que ostentasse os nomes que atualmente lhes atribuímos, tais como fogo e água, e qualquer dos outros elementos. Mas ele,[182] para começar, estabeleceu a ordem para todas essas coisas, e então a partir delas construiu este universo, um único *ser vivo* que encerra dentro de si mesmo a totalidade dos seres vivos mortais e imortais. Ele próprio atua como o *artífice* das coisas divinas, porém delegou à sua própria progênie a tarefa de construir a gênese das coisas mortais. E eles,[183] o imitando, ao receberem o *princípio imortal da alma*,[184] construíram em torno dela um corpo mortal, conferindo-lhe esse corpo inteiro como seu veículo; dentro do corpo eles construíram também um outro tipo de alma, ou seja, o tipo mortal, o qual encerra em seu interior aquelas paixões a uma vez terríveis e necessárias, em primeiro lugar o prazer, o mais poderoso engodo para o mal; em seguida, as dores, as quais nos fazem fugir do que é bom; e além desses, a ousadia e o medo, ambos insensatos conselheiros; e a animosidade, difícil de ser dissuadida; e a esperança, pronta para seduzir. Combinando-os com os sentidos irracionais e o amor sexual totalmente atrevido, construíram, como era necessário, o tipo mortal de alma. Diante dessas per-

---

182. Ou seja, o deus.
183. Isto é, seus filhos, sua progênie.
184. ...αρχην ψυχης αθανατον... (*arkhen psykhes athanaton*).

turbações, tiveram o escrúpulo de macular o divino apenas na medida do absolutamente necessário; assim, alojaram a alma mortal num lugar distinto do corpo, construindo um istmo e fronteira entre a cabeça e o peito mediante o pescoço, com o fito de mantê-los separados. E no peito, ou tórax, como é denominado, eles fixaram o tipo mortal de alma. Como uma parte da alma mortal é melhor, enquanto a outra é pior, construíram uma divisão na cavidade torácica, como se fosse uma divisão de compartimentos feminino e masculino, situando entre eles o diafragma como se fosse um tabique. Assim, a parte da alma que alberga coragem e animosidade, uma vez que é aficionada à vitória, instalaram mais próxima da cabeça, entre o diafragma e o pescoço, para que pudesse dar ouvidos à razão e, em associação com ela, se capacitasse a controlar pela força a classe dos apetites sempre que se recusassem terminantemente a prestar voluntariamente obediência à palavra de comando proveniente da cidadela da razão. Quanto ao coração, que constitui a junção das veias e a fonte do sangue que vigorosamente circula através de todos os membros, foi instalado como a câmara de guarda; de fato, quando o calor da animosidade entra em efervescência, tão logo a razão informa que alguma ação injusta está sendo perpetrada os envolvendo,[185] ou do exterior, ou possivelmente mesmo a partir dos apetites internos, todo órgão dos sentidos no corpo estaria capacitado a perceber com rapidez, através de todos os vasos, tanto as exortações quanto as ameaças, e ouvi-las e acatá-las cabalmente, com o que a melhor parte ficaria no comando de todas elas. E a título de um meio de alívio para o bater do coração em

---

185. Ou seja, os membros.

ocasiões em que há expectativa de perigos e a animosidade é despertada, considerando que eles[186] estavam cientes de que todo esse intumescimento das partes animosas surgiria com base na ação do fogo, conceberam e implantaram a forma distintiva dos pulmões, uma estrutura que é, primeiramente, mole e destituída de sangue, além de conter no seu interior cavidades perfuradas como as de uma esponja, o que a capacita a absorver a respiração e a bebida exercendo um efeito arrefecedor que produz alívio e conforto no calor ardente. Com essa finalidade eles cortaram as passagens da traqueia-artéria com os pulmões e instalaram os pulmões como uma espécie de estofamento ao redor do coração, de modo que quando a animosidade nele presente estivesse em seu auge, o coração pudesse bater de encontro a algo que cedesse a ele e se arrefecesse; exercendo menos esforço, o coração se capacitaria mais com isso a servir a razão por ocasião da animosidade.

E a parte da alma sujeita a apetites por alimentos e bebidas, bem como todas as demais necessidades determinadas pela natureza do corpo, eles instalaram nas regiões entre o diafragma e o limite junto ao umbigo, construindo em toda essa área como se fosse uma manjedoura para a alimentação do corpo; e aí fixaram essa parte da alma, tal como se fosse uma criatura que, embora selvagem, era necessário que mantivessem unida ao resto e alimentada, se era para, afinal, existir uma raça mortal. Portanto, para que essa parte, assim se alimentando em sua manjedoura e alojada tão longe quanto possível da parte aconselhadora (e criando o mínimo possível de tumulto e ruído), permitisse

---

186. Ou seja, os deuses.

que a parte suprema recebesse seu aconselhamento em paz no que respeita ao que é benéfico a tudo, tanto individual quanto coletivamente, eles a posicionaram dessa maneira. E como estavam cientes de que ela não compreenderia a razão, e que, mesmo que compartilhasse de alguma percepção dos discursos racionais, não disporia de nenhum instinto inato para atentar a qualquer um deles, sendo, ao contrário, majoritariamente enfeitiçada noite e dia por imagens e fantasmas, a fim de prevenir isso, o deus concebeu e construiu a forma distintiva do fígado e o instalou na morada dessa parte; ele o confeccionou denso, liso, claro e doce e, no entanto, dotado de uma qualidade amarga, de modo que a força dos pensamentos provenientes da mente, se movendo nele como num espelho receptor de impressões e produtor de imagens visíveis, amedrontasse essa parte da alma; assim, toda vez que a força mental podia se valer de uma porção adequada do amargor do fígado e instaurar a ameaça num tom severo capacitava-se então a amedrontar essa parte da alma. E infundindo o amargor no fígado inteiro, era capaz de projetar cores biliosas, e por contração tornar o fígado todo enrugado e áspero; ademais, no tocante ao lóbulo, receptáculos e passagens do fígado, ele curva e comprime o primeiro, ao passo que bloqueia e fecha os outros, com o que produz dores e náusea. Por outro lado, sempre que um suave alento procedente do intelecto pinta [sobre o fígado] aparências do tipo oposto e atenua o amargor, negando-se a agitar ou contatar a natureza que se lhe opõe e, valendo-se da doçura inerente ao fígado, corrige todas suas partes, de modo a torná-las retas, lisas e livres, faz com que a porção da alma instalada em torno do fígado se torne jovial e serena, de sorte que durante a noite ela se conduz com moderação, ocupando-se em seu sono com a divinação, diante da constatação de que não participa da razão e do entendimento.

De fato, aqueles que nos criaram, recordando a determinação de seu pai que os instruiu a produzir o tipo mortal tão excelente quanto pudessem, retificaram a parte vil em nós nela estabelecendo o instrumento de divinação, para que pudesse, em algum grau, apreender a verdade. Constitui sinal suficiente de que o deus concedeu o dom da divinação à estupidez humana o seguinte: ninguém alcança a genuína e inspirada divinação quando de posse de sua inteligência, mas somente quando o poder dela é limitado durante o sono, pela doença ou em função de alguma inspiração divina. Mas cabe a alguém de posse de seu juízo lembrar e ponderar acerca dos enunciados produzidos nesse estado divinatório ou de possessão quer durante o sono, quer em vigília. Cabe a essa pessoa analisar cabal e indiscriminadamente todas as visões a fim de apurar como e para quem significam algum mal ou bem futuro, passado ou presente. Entretanto, não cabe a alguém que esteve num estado de frenesi, e que nele ainda permanece, julgar suas próprias aparições e vozes. Como foi bem formulado num adágio antigo: somente para alguém em seu perfeito juízo é possível conhecer a si mesmo e administrar seus próprios negócios. Isso explica, inclusive, porque é costume designar *intérpretes*[187] para julgar a divinação inspirada, eles próprios sendo, de fato, classificados como 'agentes da divinação'[188] por certos indivíduos inteiramente ignorantes do fato de que não são agentes da divinação, mas intérpretes de vozes e aparições transmitidas

---

187. ...προφητων... (*profeton*).
188. ...μαντεις... (*manteis*).

mediante enigmas; assim, a designação mais correta para eles seria 'intérpretes de coisas obtidas por divinação'.

Isso explica porque a natureza do fígado é tal como a indicamos e porque ele está situado na região por nós descrita, ou seja, o propósito é a divinação. Que se acresça que quando o ser vivo individual está vivo, o órgão exibe sinais que são absolutamente claros, ao passo que quando privado da vida torna-se cego e suas divinações demasiado obscurecidas para prover quaisquer sinais claros.

A estrutura do órgão que lhe é contíguo,[189] com sua base à esquerda, serve ao fígado, conservando-o continuamente claro e limpo, como um pano de limpeza que é colocado próximo a um espelho e sempre à mão. Daí, toda vez que impurezas de caráter variado devidas a enfermidades do corpo aparecem em torno do fígado, a textura não compacta do baço as limpa e absorve totalmente, considerando-se que ele é constituído de uma matéria porosa e sem sangue. O resultado é ele tornar-se saturado das impurezas que absorveu, crescer a ponto de atingir um grande tamanho e supurar; em circunstâncias inversas, uma vez completada a limpeza do corpo, há redução desse tamanho e ele retorna ao seu estado anterior.

No que toca à alma, portanto, saber qual de suas partes é mortal, qual divina, onde estão situadas, com quais órgãos estão associadas e porque foram alojadas separadamente, somente com a confirmação divina ousaríamos afirmar que o que dissemos é verdadeiro; entretanto, que nossa explicação encerra probabilidade é algo que temos que nos arriscar

---

189. Alusão ao baço.

a afirmar agora e sustentar nossa afirmação ainda mais positivamente à medida que nossa investigação avança. Que seja essa, portanto, nossa afirmação.

Cabe-nos investigar o tópico seguinte ao longo de linhas idênticas. Esse tópico é como veio a ser o resto do corpo.[190] Os raciocínios que se seguem explicam da maneira mais apropriada sua composição. Os criadores de nossa raça sabiam que seríamos desregrados no que respeita a alimentos e bebidas, e como, por conta de nossa glutonice, consumiríamos bem mais do que o moderado e necessário; desse modo, com o fito de evitar a rápida destruição de nossa raça mortal provocada por doenças, e prevenir sua morte imediata e prematura, eles,[191] prescientes, formaram o baixo ventre,[192] como é chamado, para atuar como um receptáculo para armazenagem do alimento e bebida excedentes; espiralaram os intestinos a fim de impedir a passagem rápida do alimento, o que obrigaria o corpo a demandar mais alimento com rapidez, dando origem a um apetite insaciável, glutonice que levaria toda a raça a se tornar destituída da filosofia e da cultura, além de desatenta em relação à parte mais divina que existe dentro de nós.

No que se refere aos ossos, à carne e todas as demais coisas dessa natureza, a situação era a seguinte. Todos eles tiveram seu princípio na geração da medula, na medida em que foi nela que os laços da vida, pelos quais a alma está ligada ao corpo, foram presos e implantadas as raízes da raça mortal. Entretanto, a própria medula *veio a ser* a partir de outras

---

190. Cf. pg. 101.
191. Ou seja, os deuses.
192. Quer dizer, o abdômen.

coisas. De posse de todos aqueles triângulos primários,[193] os quais, não sendo distorcidos e sendo planos, eram especialmente adequados para formarem com exatidão o fogo, a água, o ar e a terra, o deus os isolou com base em seus respectivos tipos e, em seguida, combinando-os entre si nas proporções apropriadas criou a medula, a concebendo como uma semente universal para toda raça mortal. Em seguida, implantou na medula os diversos tipos de alma,[194] nela as unindo firmemente; e ao executar essa distribuição inicial se pôs imediatamente a dividir a própria medula em formas que correspondem em seu número e natureza àqueles das formas que devem pertencer aos diversos tipos de alma. E a porção da medula a que cabia receber dentro de si, como se fosse dentro de um campo, a semente divina, foi por ele moldada arredondada e dele recebeu o nome de cérebro,[195] com o propósito de que uma vez completado cada ser vivo, o recipiente dessa porção fosse chamado de cabeça.[196] Todavia, a porção destinada a conter a outra, a parte mortal da alma, ele dividiu em formas simultaneamente arredondadas e alongadas, designando todas elas no seu conjunto como medula espinhal; e delas, como se fosse a partir de âncoras, ele fez brotar vínculos da alma inteira, e em torno desta ele finalmente passou a construir a totalidade de nosso corpo, quando começou por construir ao redor dele, como um abrigo, uma completa estrutura de ossos.[197]

---

193. Cf. pp. 85 e seguintes.
194. Ou seja, a racional, a irascível e a apetitiva.
195. ...εγκεφαλον... (*egkefalon*), que significa literalmente *que está na cabeça*, encéfalo.
196. ...κεφαλην... (*kefalen*).
197. Isto é, o esqueleto.

Quanto ao osso, ele o compôs da maneira seguinte: tendo filtrado a terra até que esta se tornasse pura e polida, amassou-a e umedeceu-a com medula; na sequência colocou-a no fogo, depois do que a mergulhou na água, voltando a colocá-la no fogo e mais uma vez imergindo-a na água; repetindo muitas vezes esse procedimento que envolve esses dois elementos, acabou por tornar a mistura insolúvel por um e outro elemento. Utilizou esse material na construção de uma esfera óssea arredondada em torno do cérebro, deixando aí uma abertura estreita; [continuando a utilizar o material] ele moldou vértebras para encerrar a medula do pescoço e da nuca. Essas vértebras foram moldadas de osso e ele as instalou, como pivôs, numa fileira vertical, ao longo de todo o tronco, a partir da cabeça. E para preservar a totalidade da semente, ele a encerrou numa cerca circular de natureza pétrea; e nesta confeccionou conexões, usando como ajuda a *faculdade do diferente*[198] como um intermediário entre elas a fim de promover o movimento e a flexão. Ademais, como julgou ele que a natureza do osso, em si, era demasiado dura e inflexível e que, na hipótese de ser submetida ao fogo e depois arrefecida, entraria em decomposição, destruindo rapidamente a semente em seu interior, concebeu os nervos e a carne. Projetou unir todos os membros mediante os nervos que eram capazes de contrair e afrouxar, capacitando assim o corpo a flexionar em torno dos pivôs e distender a si mesmo. No que tange à carne, concebeu-a para ser uma proteção contra o calor do verão e um abrigo contra o frio do inverno; e como proteção contra ferimentos ocasionados por quedas, ele produziu a carne de modo que cedesse aos corpos macia e suavemente como vestes revestidas; e foi concebida contendo

---

198. Ou seja, o princípio da pluralidade.

em seu interior uma cálida umidade que, durante o verão, seria excretada na transpiração, quando, umedecendo o exterior do corpo, promoveria um frescor sobre todo este; ao passo que, pelo contrário, durante o inverno essa umidade proporcionaria uma suficiente e conveniente proteção, através de seu fogo, contra a geada que cerca e ataca o corpo a partir do exterior. Tais foram os desígnios daquele que nos modelou: compôs uma mistura empregando água, fogo e terra, ajustando-a e criando um composto de ácido e sal, uma mistura fermentada combinada por ele com a mistura anterior, que resultou na formação da carne repleta de seiva e dotada de maciez. Quanto aos nervos, ele os compôs de uma mescla de osso e carne não fermentada, formando uma substância singular resultante da combinação de ambos, de qualidade intermediária, tendo ele empregado o amarelo para sua coloração. A consequência foi os nervos adquirirem um caráter mais firme e mais rígido do que a carne, porém mais macio e mais elástico do que o osso.

Com esses, então, o deus encerrou os ossos e a medula, começando por uni-los entre si mediante os nervos, passando em seguida a revesti-los todos com carne.

Em seguida, entre os ossos, *os mais animados*[199] ele cobriu com o mínimo de carne, ao passo que *os mais inanimados*[200] foram por ele o mais densamente cobertos de carne; além disso, nas articulações dos ossos, salvo onde, de outro modo, a necessidade da presença de carne era determinada pela razão, ele tão-só proveu uma delgada camada de carne, de modo a não constranger a capacidade de flexão

---

199. ...εμψυχοτατα... (*empsykhotata*), ou seja, os mais dotados de alma.
200. ...αψυχοτατα... (*apsykhotata*), ou seja, os mais destituídos de alma.

das articulações, o que teria tornado extremamente difícil o movimento dos corpos; ademais, se houvesse nesses pontos uma espessa camada de carne, acumulada em função do volume e da densidade, o resultado seria essa espessa camada, devido à sua dureza, produzir insensibilidade, o que, além disso, levaria o intelecto a reter menos memória e mostrar-se mais obtuso. Essa é a razão porque as coxas, a parte inferior das pernas, a região em torno dos quadris e os ossos dos braços e antebraços, bem como todas as nossas demais partes destituídas de articulações e todos aqueles ossos vazios de inteligência em seu interior devido à modesta quantidade de alma na medula, são copiosamente providos de carne; no que diz respeito, contudo, às partes inteligentes, são elas menos abundantemente providas [de carne]; a exceção disso ocorre por conta de onde ele[201] constituiu a carne de modo a ela mesma ser um transmissor de sensações, do que é exemplo a língua; a maioria dessas partes, porém, foram feitas por ele da maneira que indiquei. De fato, tudo que é gerado por força da necessidade e se desenvolve junto a nós absolutamente não admite a coexistência da percepção aguda com ossos espessos e carne copiosa. Se houvesse predisposição para a combinação de tais características, a estrutura da cabeça, sobretudo, as possuiria, e os seres humanos, encimados por uma cabeça carnuda, repleta de nervos e vigorosa, desfrutariam de uma vida cuja duração seria o dobro, ou muitas vezes superior à de nossa vida presente, vida que seria [inclusive] mais saudável e menos sujeita à dor. Agora, tal como são as coisas, quando os artífices de nosso ser ponderavam quanto a conferir a uma raça maior

---

201. Ou seja, o deus.

longevidade ao custo de torná-la pior, ou menos longeva e melhor, concordaram que a vida mais curta e superior deveria ser por todos eleita de preferência à mais longa e inferior. Assim se explica porque cobriram a cabeça com uma escassa camada óssea e não com carne e nervos, visto a cabeça também ser destituída de articulações. Por conta de todas essas razões, portanto, a cabeça que foi ligada ao corpo de todo homem se mostrou mais perceptiva e mais inteligente, porém mais frágil.

Foi com fundamento nisso e desse modo que o deus instalou os nervos na base da cabeça, em torno do pescoço, unindo-os ali uniformemente; e a esses [nervos] ele prendeu as extremidades dos maxilares sob o rosto; os demais nervos foram distribuídos por ele entre todos os membros, unindo junta à junta.

E aqueles que produziram as feições de nossa boca muniram-na de dentes, língua e lábios, tal como se mostra hoje, com a finalidade de abrigar tanto o que é necessário quanto o que é o mais excelente, projetando a boca como a passagem de ingresso para o que é necessário e como a saída para o mais excelente. De fato, tudo que por ela ingressa e supre alimento ao corpo é necessário, enquanto a corrente de discurso que flui para fora [da boca] a serviço da inteligência é, de todas as correntes, a mais bela e a melhor.

Que se acresça que não foi possível deixar que a cabeça consistisse exclusiva e meramente de osso, devido aos extremos da temperatura numa direção ou outra, em função das estações; tampouco foi possível admitir que fosse coberta [de carne], tornando-se consequentemente estúpida e insensível devido a uma opressiva massa de carne. Em consonância com isso, da natureza carnuda que não estava sendo inteiramente desidratada foi separada uma camada maior envolvente, formando o que é atualmente chamado de *pele*. Esta, tendo se contraído devido à umidade na região do cérebro e se expandindo, formou um envoltório da cabeça, sendo esta, por sua vez, umedecida pela umidade que ascendia sob as suturas e fechando sobre o alto da cabeça, sendo contraída como se fosse num nó; e as suturas apresentavam todos os tipos de formas em função da força das revoluções [na cabeça] e da nutrição tomada, aumentando o seu número na medida do aumento do conflito entre essas revoluções, e o diminuindo na medida da redução desse conflito. E o deus se manteve puncionando toda essa pele das imediações por meio de fogo, até que estando a pele perfurada e a umidade através dela eliminada, todo o líquido e calor puros desapareceram, enquanto a parte composta da mesma substância da pele, foi colhida e erguida pelo movimento e estendida bem além da pele, não sendo mais grossa do que as cavidades perfuradas; seu movimento, entretanto, era lento, de modo que o ar externo circundante a impulsionou para o interior numa espiral sob a pele e se enraizou aí. Tais os processos que resultaram no crescimento de pelos na pele, sendo eles uma espécie fibrosa aparentada à pele, porém mais rígida e mais densa devido à constrição do frio, pela qual cada pelo à medida que se separava da pele era resfriado e constringido. Valendo-se, então, das causas mencionadas, aquele que nos criou tornou a cabeça cabeluda, objetivando que, em lugar da carne, os cabelos servissem como uma leve cobertura para a parte da cabeça que contém o cérebro, atuando para efeito de segurança, e proporcionando suficiente sombra no verão e abrigo no inverno, e nem por isso se revelando qualquer obstáculo à facilidade da percepção.

Nervo, pele e osso foram entrelaçados nas extremidades de nossos *dedos* e *artelhos*.[202] A mescla desses três [elementos] foi secada, levando à formação de um material, ou seja, uma pele dura singular. E enquanto essas constituíram as causas auxiliares de sua criação, a causa mais importante foi o *propósito* que se incumbiu do que veio a suceder doravante. De fato, aqueles que nos construíam estavam cientes de que mulheres e todos os animais selvagens seriam gerados algum dia com base no homem; compreendiam igualmente que muitos desses descendentes necessitariam, em função de muitas finalidades, de *unhas*, *garras* ou *cascos*,[203] o que explica haverem desde o início, já no nascedouro do ser humano, incluído a estrutura rudimentar de unhas nos dedos. Movidos por essa razão e esse desígnio, fizeram com que a pele desse lugar a pelos e unhas nas extremidades dos membros.

E quando todos os membros e partes do ser vivo mortal foram unidos, formando um todo natural, ocorreu de necessariamente sua vida ser envolvida por fogo e sopro, o que provocava seu definhamento e seu esvaziamento, condenando-o ao perecimento; diante disso, os deuses conceberam algo que protegesse o ser vivo. Produziram uma nova mescla e a geração de uma outra natureza, que embora aparentada à humana, era dotada de outras formas e outras sensações, de maneira a ser um ser vivo distinto; trata-se das árvores, plantas e sementes que, graças ao ensino da agricultura, são agora cultivadas entre nós; antes só existiam espécies silvestres, mais antigas do que as espécies culti-

---

202. ...δακτυλους... (*daktyloys*): uma única palavra em grego.
203. ...ονυχων... (*onykhon*): uma única palavra em grego.

vadas. De fato, tudo quanto participa da vida merece com justiça e corretamente ser denominado *ser vivo*.[204] Decerto, aquilo a que nos referimos agora partilha do terceiro tipo de alma,[205] que, conforme dissemos, está situada entre o diafragma e o umbigo, e que é inteiramente destituída de opinião, raciocínio e entendimento, mas que experimenta sensação, prazerosa e dolorosa, bem como apetites. De fato, na medida em que permanece completamente passiva e não executa um movimento circular no seu próprio interior e ao seu redor, repelindo o movimento exterior e exercendo o movimento que lhe é inerente, não é dotada, em função de sua constituição original, de uma capacidade natural para o discernimento ou reflexão relativamente a qualquer de suas próprias experiências. Por conta disso, ela é vida e não outra coisa senão um ser vivo, porém permanece estacionária e enraizada, uma vez que lhe falta o auto-movimento.

Uma vez implantadas em nós, seres inferiores, todas essas formas de nutrição por nossos superiores,[206] eles se puseram a abrir canais em nosso próprio corpo, como se estivessem abrindo canais em jardins, visando a que nosso corpo pudesse ser irrigado por um afluxo. Para começar, abriram abaixo da união da pele com a carne dois canais ocultos, isto é, veias, ao longo das costas, considerando o efetivo caráter duplo do corpo, tendo um lado direito e um esquerdo. Posicionaram-nas ao longo da espinha, manten-

---

204. ...ζωον... (*zoon*), aqui não no sentido de *animal*, mas naquele mais lato que inclui o *vegetal*, como ser dotado de *vida* (ζην [*zen*]).
205. Ou seja, a apetitiva.
206. ...κρειττους... (*kreittoys*).

do entre elas a medula espermática, visando ao máximo vicejar possível desta e que o fluxo de umidade proveniente dessa região, apresentando-se num curso descendente, pudesse se mover com facilidade na direção de outras partes, acarretando a uniformidade da irrigação. Em seguida dividiram essas veias na região da cabeça e as entrelaçaram, cruzando-as em direções opostas; desviaram as veias do lado direito para o esquerdo, e as do esquerdo para o direito, para que elas, em associação com a pele, pudessem servir de vínculo entre a cabeça e o corpo, considerando-se que a cabeça, no seu topo, não estava cercada de nervos; havia o objetivo adicional de as impressões dos sentidos oriundas de ambas as partes, de cada lado, poderem se manifestar ao corpo como um todo.

Daí por diante eles se ocuparam da irrigação do modo a seguir, modo que perceberemos mais facilmente uma vez comecemos por concordar com certos pontos, a saber: tudo quanto é constituído de partículas menores se encerra em partículas maiores, mas o que é constituído de partículas maiores não é capaz de se encerrar nas partículas menores; o fogo, pelo fato de entre todos os tipos[207] possuir as menores partículas, atravessa a água, a terra e o ar, bem como todas as coisas que são compostas deles, ao passo que nada pode nele se encerrar. Ora, devemos conceber que o mesmo se aplica à ação de nosso ventre. Toda vez que alimentos e bebidas descem ao seu interior, ele os encerra, mas é incapaz de encerrar o ar e o fogo, elementos cuja constituição é de partículas menores do que a sua própria. Assim, o deus se

---

207. ...γενων... (*genon*): leia-se *elementos*.

valeu deles[208] para prover irrigação do ventre às veias, tecendo para esse fim uma rede de malhas de ar e fogo, algo semelhante a uma armadilha para peixes; na sua entrada apresentava uma dupla de peças semelhantes a funis, uma delas sendo por ele feita bifurcada; e desses "funis" ele estendeu circularmente, como se fossem cordas, por toda a estrutura, até as extremidades dessa estrutura semelhante a uma rede de caça. Construiu inteiramente de fogo as partes internas da estrutura, mas de ar tanto os "funis" quanto o invólucro; e ele posicionou toda essa estrutura de modo a que circundasse o ser vivo, moldado da maneira que se segue. A parte em funil ele instalou na boca, e considerando que essa parte era dupla, fez com que um dos "funis" descesse até os pulmões através da traqueia-artéria, enquanto o outro até o interior do ventre lado a lado com a traqueia-artéria. Produziu uma divisão no primeiro "funil" e destinou a cada uma de suas seções uma saída comum por meio das narinas, de modo que quando uma das seções não conseguisse suprir passagem pela boca, todas as suas correntes poderiam também ser reabastecidas a partir daquela. Providenciou para que o resto da estrutura envolvente de malhas crescesse em torno da parte oca do corpo; e ele fez com que tudo isso numa ocasião fluísse suavemente para o interior dos "funis" – uma vez serem eles de ar – enquanto em outra ocasião, em que os "funis" fluem de volta [,re-expandindo,], fez a estrutura entrelaçada cair abruptamente no e através do corpo poroso e exteriorizar-se novamente; e os raios interiores ígneos que se achavam encerrados dentro da estrutura foram por ele encaminhados no sentido de seguir o ar à medida

---

208. Ou seja, dos elementos ar e fogo.

que este se movia em ambas as direções; por isso ocorre que enquanto o ser vivo mortal logra sua preservação, esse processo se mantém incessantemente. E a esse tipo de processo o nomeador[209] conferiu, como afirmamos, os nomes *inspiração* e *expiração*. E todo esse mecanismo e seus efeitos foram criados visando a assegurar nutrição e vida ao corpo humano por meio de umedecimento e arrefecimento. De fato, à medida que a respiração ocorre como inspiração e expiração, o fogo interno que está a ela vinculado a acompanha; e toda vez que esse fogo, em suas contínuas oscilações, adentra o ventre e se apossa dos alimentos e das bebidas, ele os dissolve e mediante sua divisão em pequenas partículas os dispersa pelas passagens que emprega e os transfere às veias, como água que é colhida por canais a partir de uma fonte; e assim faz com que as correntes das veias fluam através do corpo como se fosse através de um tubo.

Re-examinemos o processo da respiração e as causas em função das quais veio a ser o que é atualmente. Trata-se do seguinte. Posto que não existe nenhum vazio no qual qualquer dos corpos móveis poderia ingressar, ao passo que o ar que respiramos se exterioriza, a conclusão se evidencia a todos, a saber, a de que nosso alento não ingressa num vazio, mas desloca o corpo que lhe é adjacente; e o corpo assim deslocado, por sua vez, desaloja o seguinte, isso se repetindo necessariamente; todo corpo é impulsionado ao redor na direção do lugar de onde originou-se o nosso alento e aí se aloja, ocupando-o e acompanhando o alento. Tudo isso ocorre como um processo simultâneo, como uma roda que gira, já que não existe o vazio. Daí, mesmo que o

---

209. Cf. *Crátilo*, 438a.

ar que estamos respirando seja expulso, a região do peito e dos pulmões enche-se novamente do ar que circunda o corpo, aquele ar que participa do ciclo de deslocamento e se infiltra na carne porosa. E mais uma vez, quando o ar é repelido e passa externamente através do corpo, ele impulsiona o ar inspirado ao redor e para dentro por meio da boca e das narinas. É imperioso supormos que a causa e ponto de partida de tais processos sejam o seguinte. Todo ser vivo possui suas partes internas junto ao sangue e as veias sumamente quentes, como se nele houvesse uma fonte de fogo; e é essa área, de fato, que comparamos à estrutura entrelaçada da armadilha para peixes, declarando que tudo que fosse estendido no seu ponto intermediário era tecido de fogo, enquanto todas as demais partes, incluindo as externas, eram de ar. Ora, é incontestável que o calor por natureza move-se externamente para a região que lhe é própria, para aquilo que tem afinidade consigo; e considerando-se que há duas saídas, uma através [dos poros] do corpo e a outra por meio da boca e do nariz, toda vez que o fogo se precipita por uma saída numa direção, impele o ar ao redor na outra, de modo que o ar assim impelido ao redor se aquece quando topa com o fogo; enquanto o ar que sai é resfriado. E à medida que a temperatura altera sua situação e as partículas em torno da outra saída tornam-se mais quentes, o corpo mais quente, por sua vez, tende naquela direção, e se movendo rumo ao que se lhe assemelha impele naturalmente o ar em torno do que se encontra na saída anterior; consequentemente, o ar, sofrendo e transmitindo todo o tempo os mesmos efeitos, faz com ocorram a inspiração e a expiração como resultado desse duplo processo, como se fosse uma roda que oscila para lá e para cá.

Além disso, cabe-nos investigar nessas mesmas linhas as causas dos fenômenos associados às ventosas, bem como as causas da deglutição e dos projéteis arremessados à distância pelo ar e sobre a superfície da Terra; e que se acresçam as causas de todos os sons que, em função de sua celeridade ou lentidão, parecem agudos ou graves; às vezes o movimento que produzem em nós à medida que se movem em nossa direção é desarmonioso por conta de sua irregularidade, enquanto outras vezes é harmonioso devido à sua regularidade. De fato, os sons mais lentos colhem os movimentos dos sons anteriores e mais céleres quando estes últimos principiam a cessar e já caíram a uma velocidade semelhante àquela com a qual os sons mais lentos com eles colidem mais tarde e os movem; e quando os sons mais lentos colhem os mais céleres, não os perturbam impondo-lhes um movimento distinto, embora lhes comuniquem o começo de um movimento mais lento em conformidade com aquele mais célere, mas que tende a cessar; o resultado é produzirem um efeito único que constitui uma mescla de agudo e grave, proporcionando com isso prazer aos destituídos de senso e aos dotados de senso aquele júbilo intelectual produzido pela imitação da harmonia divina que é manifestada nos movimentos mortais.

Que se acrescente que no tocante a todas as correntes aquáticas, às quedas de raios e às maravilhas relativas à atração exercida pelo *âmbar amarelo*[210] e pela pedra heracleana,[211] nenhuma delas possui qualquer poder real de atração; pelo contrário, como ficará evidente a todo aquele que investi-

---

210. ...ηλεκτρων... (*elektron*).
211. ...Ηρακλειων λιθων... (*Erakleion lithon*), magneto, magnetita, aparentemente provenientes de Heracleia e Magnésia. Cf. *Ion* 533d.

ga apropriadamente, não há vazio; essas coisas se impelem entre si circularmente; todas as coisas movem-se pela troca de lugares – cada uma para o seu próprio lugar – quer no processo de decomposição quer naquele de combinação. O investigador irá descobrir que é por ação desses processos complexos e recíprocos que tais *obras maravilhosas* são produzidas.

Ademais, o processo da respiração, o qual deu início ao nosso discurso, ocorreu, como anteriormente indicamos, deste modo e por força destes meios. O fogo secciona os alimentos e à medida que acompanha o alento sobe através do corpo e à medida que sobe bombeia os fragmentos seccionados provenientes do ventre e os acumula nas veias. É graças a isso que em todos os seres vivos as correntes de nutrição mantêm seu fluxo por todo o corpo. Na medida em que esses fragmentos alimentícios são frescamente seccionados e derivados de substâncias afins, alguns de frutos, outros de cereais plantados pelo deus em nosso favor com a expressa finalidade de servirem de alimento, assumem toda variedade de cor, pelo fato de terem sido combinados, embora o vermelho seja a cor predominante, sendo um produto natural da ação do fogo seccionando o alimento líquido e se imprimindo nele. Isso explica a cor da corrente que flui através do corpo ter adquirido a aparência que descrevemos; a essa corrente denominamos *sangue*, sendo ele o nutrimento da carne e de todo o corpo. É dessa fonte que se valem as diversas partes do corpo, de modo a reabastecerem o espaço das áreas evacuadas. Quanto aos processos de reabastecimento e evacuação, ocorrem como ocorre o movimento de tudo no universo, quer dizer, conforme o princípio de que toda substância se move rumo àquilo que lhe é aparentado. De fato, os corpos que nos circundam externamente se mantêm nos consumindo, e remetendo e distribuindo a cada espécie de substância aquilo que lhe é afim, ao passo que as partículas de sangue, sendo retalhadas dentro de nós e cercadas pela estrutura de cada ser vivo como se fosse por um céu, são impulsionadas no sentido de imitar o movimento do universo; por conseguinte, quando cada uma das partículas seccionadas internamente se move na direção daquilo que lhe é aparentado, preenche novamente o espaço esvaziado. E quando o que sai é mais do que o que ingressa, todo ser vivo declina; quando esse ingresso é menor, ele aumenta. Quando a estrutura do ser vivo inteiro é jovem, na medida em que os triângulos formadores de seus elementos estão ainda "frescos como se provenientes diretamente de uma planta de que extraem mudas", ela os conserva firmemente entrelaçados entre si, e a totalidade de sua massa possui uma composição tenra, considerando que foi recentemente produzida com base em medula e nutrida com leite; e à medida que os triângulos aí encerrados, os quais a invadiram a partir de fora e passam a formar o alimento e a bebida, tornam-se mais velhos e mais débeis do que o que lhes é próprio, ela os divide e supera com seus próprios novos triângulos, o que resulta no aumento de tamanho do ser vivo graças ao fato de alimentá-lo com base em múltiplas substâncias semelhantes. Entretanto, quando a raiz dos triângulos afrouxa-se em decorrência de numerosos conflitos travados durante longos períodos, eles perdem sua capacidade de seccionar os triângulos de alimento que entram e assimilá-los a si próprios, sendo eles próprios seccionados facilmente por esses [triângulos] invasores do exterior; todo ser vivo, então, entra em declínio ao ter assim seu poder sobrepujado, e é submetido ao que chamamos de *velhice*. Finalmente, quando os vínculos dos triângulos na medula, que haviam sido unidos apropriadamente, não resistem mais ao esforço e se partem, permitem, por sua vez, que se soltem os vínculos da alma, e esta, quando assim libertada naturalmente, alça voo jubilosamente; de fato, embora todo processo antinatural seja doloroso, o que ocorre naturalmente é prazeroso. Assim, de modo análogo, a morte que acontece em consequência de doença ou devido a ferimentos é dolorosa e forçada, ao passo que aquela que se segue à velhice e constitui um desfecho natural é a menos angustiosa das mortes, além do que é acompanhada por mais prazer do que dor.

A origem das doenças decerto é evidente a todos. De fato, como há quatro tipos de *seres*[212] dos quais o corpo foi composto, a saber, a terra, o fogo, a água e o ar, pode suceder de alguns deles aumentarem antinaturalmente às custas dos outros; ou pode ser que troquem suas regiões, cada um deixando a sua e se movendo para aquela do outro; ou ainda pode acontecer, considerando-se que há realmente mais de uma variedade de fogo e dos demais, que uma dada parte corpórea abrigue uma variedade em particular que não lhe é apropriada; quando isso ou algo semelhante ocorre, o resultado é conflitos internos e doença. Quando qualquer elemento sofre uma mudança de estado contrária à natureza, todas as suas partículas que anteriormente eram resfriadas tornam-se aquecidas, ao passo que as presentemente secas tornam-se úmidas, e o leve torna-se pesado, sofrendo elas toda espécie de mudança em todos os aspectos. De fato, nossa opinião é a de que somente adicionando

---

212. ...οντων... (*onton*): leia-se *elementos*, entendendo-se que o *elemento* é a partícula primária e mínima de ser.

ou retirando a mesma coisa da mesma coisa na ordem e maneira idênticas e na proporção correta se permitirá que essa última permaneça segura e íntegra na sua identidade consigo mesma. Tudo quanto, porém, vier a exceder uma ou outra dessas condições em sua saída ou ingresso produzirá múltiplas e variadas alterações e incontáveis enfermidades e corrupções.

Por outro lado, no que toca às estruturas que são naturalmente secundárias do ponto de vista da construção, há uma segunda classe de enfermidades a ser considerada por quem está disposto a ter conhecimento delas. Como a medula, o osso, a carne e o nervo são compostos dos elementos – sendo essa inclusive a composição do sangue, ainda que de modo distinto – a maioria das demais doenças sobrevêm como as anteriormente indicadas; entretanto, as mais graves entre elas acarretam consequências perigosas sempre que a formação dessas substâncias secundárias ocorre no processo inverso, o que provoca degeneração. De acordo com a natureza, carne e nervos são formados a partir do sangue, o nervo a partir da fibrina devido à sua qualidade afim, ao passo que a carne a partir da substância coagulada por ocasião de sua dissociação da fibrina; além disso, a substância oriunda dos nervos e da carne, a qual é pegajosa e oleosa, não só faz aderir a carne à substância dos ossos, como também nutre e produz o aumento do próprio osso que envolve a medula, enquanto aquilo que é formado do tipo mais puro de triângulos, extremamente liso e oleoso, filtra-se através da densidade dos ossos e, à medida que escoa e goteja dos ossos, umedece a medula. Ora, quando é nessa ordem que cada uma dessas substâncias é formada, disso resulta geralmente a saúde; mas se o processo ocorre na ordem inversa, o resultado é a doença. De fato, toda vez que a carne é decomposta e devolve sua matéria decomposta, novamente, ao interior das veias, decorre disso que o sangue nas veias (que apresenta grande volume e ampla variedade) combinando-se com o ar mostra-se diversificado por conta de cores e aspecto amargo, bem como pelas propriedades ácidas e salinas, contendo bile, soro e flegma de toda espécie. Quando todas as substâncias se tornam inversas e corrompidas, começam por empreender uma ação de destruição do próprio sangue, deixando elas em seguida de suprir qualquer nutrição ao corpo; isso é causado pelo fato de se moverem pelas veias em todas as direções, não mantendo mais a ordem de sua circulação natural, e gerando uma hostilidade mútua porque não extraem gozo entre si, além de estarem em guerra com os constituintes estabelecidos e regulares do corpo, os quais são por elas corrompidos e dissolvidos. A consequência de tudo isso é toda a parte mais velha da carne, que foi objeto da decomposição, endurecer e enegrecer devido à combustão contínua; e por ser inteiramente consumida, ela é amarga e, portanto, perigosa no seu ataque a qualquer porção do corpo que não foi ainda corrompida. Por vezes a matéria negra adquire uma qualidade ácida que substitui seu amargor, ocasião em que a substância amarga torna-se mais diluída; em outras oportunidades a substância amarga assume uma coloração mais rubra pelo fato de ser mergulhada no sangue, ao passo que se a matéria negra for misturada a isso, se tornará esverdeada; por outro lado, sempre que uma nova carne também for desintegrada pelo fogo da inflamação, uma matéria amarela é mesclada à substância amarga.

A designação comum *bile* foi atribuída a todas essas variedades quer por certos médicos, quer por alguém que se revelou capaz de fazer o levantamento de muitos casos dessemelhantes e discernir um tipo único entre eles digno de conferir seu nome a todos. Quanto a tudo o mais que pode ser considerado como espécies de bile, receberam suas definições especiais, caso a caso, com base em suas cores.

O soro é de dois tipos. Um deles é a benigna parte aquosa do sangue; o outro, sendo um produto da bile negra e ácida, se revela maligno sempre que dotado de uma qualidade salina adquirida por ação do calor; esse tipo recebe o nome de *flegma ácido*. [Há, ademais,] um outro tipo que envolve ar e que é formado pela dissolução com base em carne nova e tenra. E quando isso é insuflado e circundado por um fluido, bem como quando devido a esse processo são formadas bolhas (cada uma invisível por causa de seu minúsculo tamanho, mas visíveis sob a forma de uma massa agregada e que possui uma cor que aparece como branca em função da espuma formada), descrevemos a totalidade dessa desintegração que reage mediante o ar como *catarro branco*.

E a parte aquosa do flegma que é recentemente formada é *suor* e *lágrimas*, bem como quaisquer outras impurezas que são cotidianamente expelidas do corpo. Assim, toda vez que o sangue, em lugar de ser reabastecido naturalmente com base em alimentos e bebidas, recebe a massa de seu suprimento de fontes opostas que contrariam as leis naturais, todas essas coisas se convertem em instrumentos de doença.

Quando a carne em qualquer região está sendo decomposta pela doença, mas suas bases ainda permanecem firmes, o efeito do ataque é reduzido pela metade, pois ainda admite uma fácil recuperação; toda vez, entretanto, que a substância que faz aderir a carne aos ossos torna-se doentia e não mais se dissocia simultaneamente dos ossos e dos nervos, de modo a suprir alimentos aos ossos e atuar como um vínculo entre a carne e o osso, tornando-se, ao contrário, áspera e salina em lugar de lisa e pegajosa, em consequência de sua inanição devido a um mau regime, toda substância de tal natureza, à medida que é submetida a essas experiências, se esvai sob a carne e os nervos e separa-se dos ossos; a carne, a qual se dissolve com ela a partir de suas raízes, deixa os nervos expostos e repletos de matéria salina; e recuando ela própria à corrente sanguínea, a carne concorre para o aumento das doenças anteriormente indicadas.

Mas por mais severas que sejam tais doenças, mais graves ainda são *as que as precedem*,[213] quando o osso, em função da densidade da carne, não consegue receber suficiente arejamento, e se tornando aquecido por causa de sua deterioração se decompõe e não admite sua nutrição; pelo contrário, à medida que ele próprio se desagrega, é dissolvido naquele nutrimento que, por seu turno, ingressa na carne; o resultado é que quando a carne atinge o sangue, faz com que todas essas doenças sejam ainda mais virulentas do que as anteriormente descritas. O mais extremo de todos os casos ocorre quando a substância da medula adoece por conta de alguma deficiência ou algum excesso; a consequência disso é a mais grave das doenças e a mais capaz de provocar a morte, porquanto toda a natureza do corpo pelo império da necessidade realiza um fluxo na direção inversa.

Há, ademais, uma terceira classe de doenças que ocorre, como nos cabe conceber, de três formas, devendo-se essa classe em parte ao ar, em parte à flegma e em parte à bile. Sempre que os pulmões, que são os dispensadores de ar ao corpo, não conseguem manter suas passagens limpas por estarem obstruídas por defluxos, o resultado é o ar, estando

---

213. Burnet: ...*as que afetam os tecidos mais básicos*... .

incapacitado de passar por uma via enquanto ingressa numa outra num volume superior ao que lhe é próprio, causar a putrefação das partes que não respiram, ao mesmo tempo que força e distorce os vasos das veias; e na medida que produz essa dissolução do corpo, é ele mesmo encerrado na região central dele que contém o diafragma; a consequência disso é o surgimento de um número incontável de doenças dolorosas acompanhadas de transpiração copiosa. Com frequência, quando a carne é desintegrada, o ar encerrado no corpo que é incapaz de sair produz as mesmas dores excruciantes que são produzidas pelo ar que ingressa vindo do exterior; e tais dores excruciantes são maximamente intensas quando o ar circunda os nervos e as veias adjacentes, e devido ao seu inchamento estica para trás os tendões e os nervos a eles ligados; daí ser realmente desse processo de intenso esticamento que essas doenças extraíram seus nomes de *tétano e opistótono*.[214] Essas doenças são, inclusive, de difícil cura; aliás, a melhor perspectiva para seu alívio é através de um ataque de febre.

A flegma branca também é perigosa quando é obstruída internamente devido ao ar em suas bolhas; quando, contudo, conta com saídas de ar fora do corpo, revela-se mais branda, ainda que seja responsável por produzir no corpo manchas brancas fazendo surgir sarna, doenças da pele e outras doenças aparentadas. Ademais, quando essa flegma é misturada com bile negra e se difunde pelos circuitos da cabeça, os quais são os mais divinos, perturbando-os, sua ação

---

214. ...τετανοι τε και οπισθοτονοι... (*tetanoi te kai opisthotonoi*): Platão aparenta essas palavras a ...επιτονους... (*epitonoys* [esticado, teso, tenso, intenso]) e ...ξυντονιας... (*xyntonias* ["intenso" esticamento]).

revela-se mais branda durante o sono; entretanto, quando acomete pessoas despertas, é mais difícil de ser eliminada. E porque se trata de uma doença da parte sagrada de nossa natureza, é com plena justiça que é chamada de a doença sagrada.[215] A flegma que é ácida e salina constitui a fonte de todas as doenças que têm natureza de defluxo (catarros), as quais receberam toda uma gama de nomes, uma vez que as regiões em que ocorre o fluxo são bastante diversas.

Todas essas doenças, denominadas *inflamações*[216] no corpo devido ao *queimar e inflamar*[217] que implicam, são causadas pela bile. Quando esta obtém uma saída, ela ferve e faz ascender todo tipo de erupção; quando, entretanto, é mantida confinada, gera muitas doenças inflamatórias. Entre estas, a mais grave surge quando a bile, tendo sido mesclada com sangue puro, altera a posição das fibras [do sangue], que, dispersas no sangue, atuam para preservar sua devida proporção de sutileza e densidade, não podendo nem fluir do corpo poroso pela ação liquidificadora do calor, nem se mostrar imóvel por ação de sua densidade, circulando com dificuldade nas veias. Devido à natureza de sua composição, as fibras preservam a quantidade apropriada dessas qualidades. Mesmo se alguém reunir e isolar as fibras sanguíneas mortas e em curso de arrefecimento, todo o resto do sangue se liquefaz; entretanto, se as fibras forem mantidas por si sós [no sangue], atuarão em associação com o frio circundante, não tardando a congelar (solidificar) o sangue. Tendo as fibras [sanguíneas]

---

215. Alusão à epilepsia. Cf. *As Leis*, Livro XI, 916a (...ιερα νοσω... [*iera noso*]).
216. ...φλεγμαινειν... (*flegmainein*), φλεγμα (*flegma* [inflamação, combustão]).
217. ...καεσθαι τε και φλεγεσθαι... (*kaesthai te kai flegesthai*).

tal propriedade, a bile, cuja composição natural é sangue velho e que é redissolvida no sangue com base na carne, inicialmente se infiltra paulatinamente no sangue, enquanto quente e úmido, passando então a ser congelada por força dessa propriedade dessas fibras; e à medida que se torna congelada (solidificada) e, forçosamente destituída de calor, produz frio e tremor internos. Todavia, quando a bile flui com um volume maior, ela sobrepuja as fibras devido ao seu próprio calor, ferve e lança as fibras em completa confusão; e se é capaz de sobrepujar de maneira contínua as fibras [do sangue], infiltra-se na medula e a queima, com o que solta os cabos da alma, como se fossem os de um navio, e a liberta. Quando, porém, a quantidade da bile é modesta e o corpo resiste à dissolução, então é a bile que será sobrepujada e, nesse caso, ou é expelida por toda a superfície do corpo, ou então é comprimida pelas veias na direção do ventre inferior ou superior, sendo expelida do corpo como são expulsos fugitivos de uma cidade em guerra civil; e provoca diarreia, disenteria e todas as enfermidades desse tipo.

Quando é o fogo em excesso a principal causa da doença de um corpo, este se conserva gerando inflamações e febres; quando se trata de excesso de ar, têm-se febres recorrentes diariamente; quando excesso de água, as febres serão em dias alternados, visto que a água é mais lenta do que o ar ou o fogo; e no caso de excesso de terra, isto é, o quarto elemento e o mais lento dos quatro, a purgação ocorre num ciclo quádruplo de tempo, produzindo febres de quatro em quatro dias e que são curadas com dificuldade.

É assim que ocorrem as doenças do corpo; quanto àquelas da alma resultantes da condição do corpo, surgem da maneira que se segue. Temos que concordar que a *falta de senso*[218] é uma doença da alma.[219] Da falta de senso há dois tipos, sendo um deles a loucura,[220] o outro a ignorância.[221] Assim, seja qual for a perturbação a que alguém esteja submetido, se envolve uma ou outra dessas condições, tem que ser chamada de doença; temos, ademais, que afirmar que prazeres e dores em demasia constituem as maiores das doenças da alma, pois quando um ser humano experimenta um excessivo regozijo ou, pelo contrário, padece uma dor excessiva, estando acicatado pela pressa de agarrar o primeiro e esquivar-se à segunda além da medida, acha-se incapaz quer de ver, quer de ouvir corretamente qualquer coisa, encontrando-se em tal ocasião enlouquecido e completamente incapacitado de exercer a razão. E toda vez que a semente de um indivíduo humano desenvolve-se a ponto de atingir um volume copioso em sua medula, como se fosse uma árvore desmedidamente carregada de frutos, esse indivíduo gera para si mesmo ocasionalmente muitas dores pungentes, bem como muitos prazeres por força de seus desejos e a questão que lhes diz respeito; e passa a um estado de loucura no qual permanece a maior parte de sua vida devido a esses prazeres e dores intensos; a ação de seu corpo mantém sua alma enferma e destituída de senso. No entanto, essa pessoa não é tida como doente, mas como voluntariamente má; na verdade, porém, esse desregramento sexual, que se deve principalmente à abundância e fluidez de uma substância por conta da porosidade óssea, constitui

---

218. ...ανοιαν... (*anoian*).
219. Cf. *As Leis*, Livro III, 689a e segs.
220. ...μανιαν... (*manian*).
221. ...αμαθιαν... (*amathian*).

uma doença da alma. De fato, quase todas essas condições, classificadas em tom de censura como *descontrole no prazer*, como se os atos maus fossem voluntariamente realizados, constituem erroneamente objeto de censura, pois *ninguém é voluntariamente mau*,[222] o indivíduo mau se tornando tal em razão de alguma condição má do corpo e da criação em que está ausente a educação. E tanto uma coisa quanto a outra são consideradas perniciosas por todos e independem da vontade de quem quer que seja. Por outro lado, igualmente no que diz respeito a dores, é o corpo também o causador de muitos males da alma.

A propósito, sempre que os humores que se originam de flegmas ácidos e salinos, bem como todos os humores amargos e biliosos, perambulam pelo corpo e não encontram saída, sendo mantidos confinados no interior [do corpo], mesclando seu vapor com o movimento da alma e confundindo-se com ele, o resultado é instalarem doenças da alma de todas as espécies, que variam em termos de intensidade e frequência; e à medida que esses humores infiltram-se nas três regiões da alma, dependendo da região que individualmente atacam, produzem todo tipo de mau humor e abatimento, além de toda espécie de temeridade e covardia, para não mencionarmos o esquecimento e a estupidez. Ademais, quando pessoas nessa má condição estão associadas a formas de governo político igualmente más, em que os discursos nessas cidades, privados e públicos, são maus; e quando, somando-se a esse quadro, lições que pudessem curar esses males não são aprendidas em lugar algum desde a infância,

---

222. Afirmação genérica tipicamente socrática. Cf. *Protágoras* 345e e segs, e *As Leis*, Livro V, 731c. Esses diálogos estão presentes em *Clássicos Edipro*, Obras Completas de Platão.

resulta que todos nós que somos maus assim nos tornamos em função de duas causas inteiramente involuntárias. E por elas devemos sempre culpar mais os procriadores do que os procriados, e mais as amas-de-leite do que os lactentes. De qualquer modo, é necessário cada um empreender todos os esforços, o melhor que possa, através da educação aliada às suas próprias investigações e estudos, com o objetivo de fugir ao mal e buscar o bem, o que, entretanto, constitui o tema de um outro discurso.

Por outro lado, é tanto plausível quanto apropriado ocuparmo-nos do assunto que é complementar àquele ao qual acabamos de nos referir, a saber, como tratar corpo e mente e lidar com as causas que determinam a preservação da integridade deles. Aliás, o que é bom merece mais ser objeto de nosso discurso do que o que é mau. Tudo que é bom é belo e não falta a devida proporção ao belo; por conseguinte, também o ser vivo para ser belo tem que ser proporcional. Estamos capacitados a discernir proporções modestas, mas somos incapazes de apreender racionalmente as mais importantes e maiores. De fato, no tocante à saúde e à doença, à virtude e ao vício, não há proporção ou ausência de proporção maior do que aquela existente entre a própria alma e o próprio corpo. Mas no que se refere a uma ou ao outro, falhamos totalmente na tarefa de perceber tal coisa ou refletir sobre ela toda vez que um corpo mais frágil e inferior é o veículo de uma alma vigorosa e grandiosa em todos os aspectos, ou, ao inverso, quando cada um dos dois pertence ao tipo oposto, situação em que falta beleza ao ser vivo como um todo em função de ser ele desproporcional relativamente à mais importante das proporções; enquanto um ser vivo que se acha na condição oposta constitui para aquele que tem olhos para ver, entre todas as visões, a mais bela e a mais admirável. Um corpo, por exemplo, dotado de pernas excessivamente longas, ou que é, de alguma outra forma, desproporcional devido a algum excesso, não é apenas feio, mas constitui também, quando um esforço conjunto é exigido, fonte certa de muita fadiga, uma profusão de torceduras e tombos produzidos em razão do movimento desajeitado desse corpo; pelo que causa a si mesmo um sem-número de males. Assim, é de maneira idêntica que nos cabe conceber o composto de alma e corpo que chamamos de *ser vivo*.[223] Sempre que a alma no interior do corpo é mais forte do que ele e se excita, ela o agita e o enche de dentro para fora de doenças; [por outro lado,] quando a alma devota-se ardentemente a algum estudo ou investigação, ela desgasta o corpo; além disso, quando ela se envolve, pública ou privadamente, em ensinamentos e combates verbais realizados em meio à controvérsia e à altercação, ela inflama o corpo e o abala, induzindo-o a defluxos; o resultado é a alma enganar a maioria dos chamados médicos, fazendo-os atribuir a doença a uma causa errada.

Por outro lado, quando um corpo grande [,excessivo para sua alma,] é associado a um intelecto insignificante e débil – considerando que dois desejos atuam naturalmente nos seres humanos, ou seja, aquele pelo alimento mantenedor do corpo e aquele pela sabedoria que favorece a parte mais divina em nós – os movimentos da parte mais forte predominam e promovem o aumento de seu próprio poder, com o que tornam as funções da alma comprometidas com a obtusidade, a estupidez e o esquecimento; a consequência é

---

223. ...ζῳον... (*zoon*).

a produção no seio da alma da maior de todas as doenças, nomeadamente a ignorância.

Para esses dois males há tão-só uma salvação: não empregar a alma sem o concurso do corpo nem o corpo sem o concurso da alma, de modo a que possam estar de maneira mútua regularmente equilibrados e sadios. Assim, o matemático, ou o aficionado ardente de qualquer outra matéria, que mantém uma atividade árdua com seu intelecto, precisa igualmente submeter seu corpo ao exercício praticando ginástica; por outro lado, aquele que é cioso no que toca a modelar o corpo deve, por sua vez, ativar sua alma se devotando às artes liberais e a todos os ramos da filosofia, se um ou outro quiser ser merecedor de ser classificado com justiça como belo e bom.

E as diversas partes [do corpo] necessitam ser tratadas do mesmo modo, imitando a forma do universo. De fato, à medida que o corpo é aquecido ou resfriado no seu interior por ação das partículas que nele ingressam, para depois ser seco ou umedecido pelas partículas externas, e experimenta as alterações decorrentes de ambos esses movimentos, toda vez que alguém entrega o corpo em estado de repouso a esses movimentos, o corpo é dominado e condenado à completa ruína; pelo contrário, se uma pessoa imita o que chamamos de educadora e nutriz do universo, e jamais, na medida do possível, permite que o corpo fique em repouso, mas o mantém em movimento, e promovendo contínuas vibrações internas o protege naturalmente de movimentos internos e externos, e mediante vibrações moderadas organiza os distúrbios e partículas elementares que perambulam pelo corpo, instaurando-os em sua devida ordem mútua com base em suas afinidades (conforme descrito em nosso anterior discurso sobre o universo), essa pessoa então não topará com um inimigo postado ao lado de outro gerando guerras e enfermidades no corpo; em lugar disso, encontrará um amigo postado ao lado de outro na postura de gerar saúde.

Por outro lado, no que toca aos movimentos, o melhor movimento de um corpo é o produzido por ele próprio no interior dele próprio, por ser esse o movimento mais intimamente aparentado ao movimento da inteligência e àquele do universo. O movimento produzido por ação alheia é menos bom; o pior de todos os movimentos é o transmitido a um corpo em repouso, esse movimento se processando parte por parte e mediante o concurso de outros [corpos]. Daí concluirmos que o movimento que se revela como sendo o melhor para a purificação e restauração do corpo é o promovido pelos exercícios físicos da ginástica; o segundo melhor é o produzido por veículos oscilantes e flutuantes, tais como barcos bem como qualquer tipo de meio de transporte que não produz fadiga; o terceiro tipo de movimento, isto é, a purificação médica obtida mediante medicamentos, ainda que útil eventualmente em casos de suma necessidade, não se mostra de modo algum admissível em outras circunstâncias a um homem de senso. Nenhuma doença que não seja especialmente perigosa deve ser agravada pela administração de medicamentos. Do prisma de sua estrutura, toda doença se assemelha de algum modo à natureza do ser vivo. Na verdade, a constituição desses seres determinou períodos de vida para as espécies no seu conjunto, além do que cada ser vivo individual, da mesma maneira, nasceu com um prazo de vida que lhe é naturalmente predestinado, exceto por acidentes inevitáveis. De fato, já desde o início, os triângulos de cada ser vivo são construídos dotados de uma capacidade para que sobreviva até um certo tempo, que uma vez ultrapassado, não admite a sobrevivência. Essa mesma regra também é válida no que tange à estrutura das doenças, ou seja, quando se tenta violentamente eliminá-las por meio de medicamentos, à revelia do curso de tempo predestinado, as doenças brandas tornam-se suscetíveis de agravarem, ao passo que as ocasionais podem se tornar frequentes. A conclusão é que cada um, conforme o tempo que lhe é disponível e sua medida de liberdade, deve controlar tais doenças através de dieta, de preferência a agravar uma irritação mediante medicamentos.

Que baste isso no que se refere ao tema do ser vivo como um todo e de sua parte corpórea, bem como no que toca a como alguém deveria tanto conduzir quanto ser conduzido por si mesmo visando a viver uma vida maximamente racional. De fato, cabe-nos priorizar e aplicar um cuidado particular, tanto quanto pudermos, no que toca a nos certificarmos de que a parte a ser condutora está apta da maneira mais admirável e excelente possível para sua tarefa de condução. Uma exposição exclusiva e minuciosa desse assunto seria uma tarefa considerável, mas se o tratarmos apenas como uma questão colateral, acompanhando as linhas do que dissemos anteriormente, será possível examinar o assunto e enunciar nossas conclusões adequadamente mediante as considerações que se seguem. Afirmamos amiúde que há três tipos de alma em três regiões, alojados em nosso interior, e que cada um deles possui os seus movimentos característicos. Assim, devemos agora reiterar, com máxima brevidade, que o tipo [de alma] que se conserva ocioso e mantém inativos seus próprios movimentos necessariamente se torna o mais frágil, ao passo que o tipo que se mantém em exercício se torna o mais forte. Por conseguinte, é preciso estar vigilantes para que experimentem seus movimentos em relação recíproca na devida proporção. No que concerne ao tipo mais soberano de nossa alma, devemos concebê-lo nos seguintes termos: asseveramos que o deus concedeu a cada um de nós, na qualidade de seu *dáimon*,[224] aquele tipo de alma que reside no topo de nosso corpo; esse tipo nos eleva, considerando que não somos plantas terrestres, mas celestes, em ascensão da Terra rumo ao que nos é afim no céu. E ao asseverá-lo, falamos com máxima correção, pois é do céu, local de origem de nossas almas, que a parte divina suspende nossa cabeça e raiz, mantendo assim todo nosso corpo ereto.

A pessoa, portanto, que cede a apetites ou a disputas e se empenha excessivamente em fomentá-los, necessariamente acumulará opiniões inteiramente mortais; e na medida em que for afinal possível tornar-se mortal, não poderá evitar ter nisso pleno êxito porquanto avolumou sua parte mortal. Ao contrário, a pessoa que se dedicou seriamente ao aprendizado e aos pensamentos verdadeiros, tendo feito disso seu exercício principal, acima de todos os demais, tal pessoa pensa, absoluta e necessariamente, pensamentos imortais e divinos, na hipótese da verdade ser por ela apreendida. E tanto quanto seja possível à natureza humana participar da imortalidade, não deixará, de modo algum, de atingi-la; e na medida em que essa pessoa se conserva cuidando de sua parte divina e ampliando apropriadamente o *dáimon* que reside no seu interior, deverá realmente *ser sumamente feliz*.[225] E o modo de todo ser humano cuidar de suas partes

---

224. ...δαιμονα... (*daimona*), aqui na acepção específica e restrita de divindade protetora e orientadora pessoal, conceito grego correspondente ao de "anjo da guarda", mas também ao de "consciência". Cf. principalmente *Apologia de Sócrates*, 31d, *A República*, Livro X, 617d e 619c, *As Leis*, Livro V, 732c, e Livro IX, 877a.

225. ...ευδαιμονα ειναι... (*eydaimona einai*), literalmente *estar com [um] bom dáimon*.

é um único, a saber, suprir cada uma delas do alimento e do movimento que lhe são particularmente adequados. Ora, no que toca à parte divina dentro de nós, os movimentos adequados são os pensamentos e revoluções do universo. São esses que nos cabe ter como orientadores a seguir, pondo-nos a corrigir as revoluções em nossas cabeças distorcidas por ocasião de nosso nascimento, por meio do aprendizado das harmonias e revoluções do universo, com isso instaurando a conformidade entre nossa parte pensante e o objeto pensado, de acordo com o que era sua natureza inicial; e uma vez conquistada essa similitude, teremos finalmente alcançado aquele propósito da vida, que é estabelecida pelos deuses aos seres humanos como a mais excelente, quer para o presente quer para o futuro.

Agora, parece-nos que a tarefa que nos coube no início de oferecer uma descrição do universo até a gênese da humanidade está quase completa, já que o modo como ocorreu a gênese do resto dos seres vivos exigirá de nós apenas sumárias considerações, dispensando um longo discurso; de fato, através dessa brevidade sentiremos estar assegurando a medida certa em nossa abordagem dessas matérias. Procedamos, portanto, ao tratamento desse assunto como se segue.

Com base no relato provável, todos os *homens*[226] que viveram uma vida de covardia e injustiça renasceram numa segunda geração, como mulheres. Isso, inclusive, explica porque os deuses naquela época conceberam o desejo da

---

226. ...ανδρων... (*andron*), seres humanos do sexo masculino.

relação sexual, construindo um ser vivo *animado*[227] de um tipo em nós, homens, e um outro nas mulheres. E foi da maneira seguinte que os fizeram. A partir da passagem de saída para os líquidos, no ponto em que esta acolhe o líquido que passou pelos pulmões até alcançar os rins, e ingressar na bexiga (sendo aí comprimido pelo ar), eles executaram um orifício, como uma passagem de conexão, ao interior da medula condensada que procede de modo descendente da cabeça, através do pescoço e ao longo da espinha. Trata-se da medula que, em nossa exposição anterior, chamamos de *semente*.[228] E a medula, por ser animada e haver recebido uma saída, dotou a parte em que está situada sua saída de um desejo sexual de gerar pela implantação ali de um desejo vivificante de emissão. Em consequência disso, nos *homens* a natureza dos órgãos genitais é desobediente e detentora de vontade própria, tal como um ser vivo que não se sujeita à razão; ademais, ela tenta, em função de seus apetites frenéticos, exercer o domínio de tudo o mais. E nas mulheres, por outro lado, devido a causas idênticas, quando o ventre ou útero, como é denominado (o qual é um ser vivo desejoso de gerar filhos no interior delas), permanece muito tempo sem frutificar depois da época devida, ele fica sumamente frustrado e passa a vagar por todo o corpo [feminino]; e bloqueando os canais de respiração e a impedindo faz mergulhar o corpo no mais completo impasse e produz, além disso, todos os tipos de doenças, até que, finalmente, o desejo e o amor sexual unem [homem e mulher]. Então, como no ato de apanhar seletivamente o fruto de uma árvore, semeiam

---

227. ...εμψυχον... (*empsykhon*), dotado de alma.
228. ...σπερμα... (*sperma*).

no útero, como em solo arado, seres vivos que são invisíveis por força de sua pequenez e ausência de forma; são eles na sequência moldados, recebendo forma distinta e nutridos até atingirem grande tamanho dentro do corpo, depois do que os fazem vir à luz, completando assim a geração do ser vivo.

Dessa maneira vieram a ser as mulheres e as fêmeas em geral.

Quanto às aves, são produtos de uma transformação – desenvolvendo penas em lugar de pelos – a partir de *homens* inofensivos, porém ingênuos, homens que sendo estudiosos dos fenômenos celestes, supõem em sua candidez que as provas mais confiáveis relativamente a eles poderiam ser obtidas graças ao concurso do sentido da visão. Quanto às espécies selvagens de animais que caminham sobre pés, originam-se de indivíduos humanos que não prestaram absolutamente nenhuma atenção na filosofia, e que não se dedicaram de modo algum ao estudo da natureza celeste; isso lhes foi causado por suspenderem o uso das revoluções cefálicas internas e acatarem a orientação das partes da alma que se encontram no peito. Em decorrência dessas práticas, eles moveram para baixo seus membros dianteiros e suas cabeças rumo ao solo, os instalando nesse nível, em razão de uma afinidade; suas cabeças se tornaram alongadas, assumindo todo tipo de formas, em função da distorção sofrida por suas várias revoluções, devido à falta de uso. Isso também explica porque essa raça passou a ser quadrúpede, bem como possuidora de mais do que quatro pés. O deus colocou maior número de suportes sob os seres mais desprovidos de razão, de modo que pudessem se arrastar ainda mais próximos do solo. E visto não haver mais nenhuma necessidade de pés para os mais desprovidos de razão desses animais, que se estiravam com o corpo inteiro sobre o solo, os deuses os geraram sem pés e rastejantes. Quanto ao quarto tipo, aqueles de vida aquática, originou-se dos homens mais estúpidos e ignorantes entre todos, aqueles que seus remodeladores julgaram não mais dignos sequer da respiração [do ar] puro, constatando que eram, em função de sua completa perversidade, possuidores de almas maculadas. Em lugar de lhes permitir que respirassem o ar raro e puro, arrojaram-nos na água para respirarem suas profundezas turvas. Daí o surgimento dos peixes, moluscos e de todos os seres vivos aquáticos, que têm como morada, como justa retribuição por sua extrema estupidez, a região mais extrema. Assim, tanto naquela época quanto atualmente, os seres vivos se mantêm permutando suas formas entre si de todas essas maneiras, à medida que ocorrem suas transformações por força da perda ou do ganho de inteligência ou de falta de inteligência.

E agora, finalmente, estamos autorizados a dizer que nosso discurso que teve o universo como objeto está findo; de fato, nosso universo ordenado recebeu os seres vivos tanto mortais quanto imortais, tendo sido com isso ocupado, sendo ele próprio um *ser vivo* visível que abarca seres vivos visíveis, um deus perceptível criado à imagem do Inteligível, do prisma do seu vir a ser, maximamente grandioso, maximamente bom, maximamente belo e maximamente perfeito, realmente um céu[229] único do seu tipo.

---

229. ...ουρανος... (*uranos*), aqui o mesmo que universo.

Crítias

Apresentação

O *Crítias* instaura o discurso de Crítias cujo objeto fora anunciado e introduzido antecipadamente no começo do *Timeu*.

Crítias, assim, efetua a descrição esmiuçada de vários aspectos – desde geográficos até administrativos e institucionais – da Atenas arcaica e da Atlântida, doravante envolvidas num colossal conflito bélico.

Contudo, após a exposição dos sintomas da decadência, sobretudo moral e espiritual, dos seres humanos, aqueles mesmos dos quais as gerações anteriores (detentoras de uma parcela de elemento divino) haviam se salientado precisamente por seus elevados dotes morais e espirituais, além da excelência técnica, e indicar a convocação feita por Zeus aos deuses para uma assembleia cujo objetivo era definir novos rumos para a humanidade (a somar-se à sua punição), o diálogo finda subitamente...

No breve *Crítias* inacabado, porém, Platão mantém tanto o impecável brilho literário do *Timeu*, quanto, a título de novidade, acrescenta um relato mítico curioso e fascinante sobre remotos ancestrais dos atenienses e, sobretudo, sobre a "lendária" Atlântida, civilização "ideal" que teria concretizado o maior de todos os sonhos da humanidade: unir e conciliar numa mesma sociedade elevado avanço e prosperidade intelectuais, materiais e técnicos *com* elevado padrão de justiça, solidariedade e desenvolvimento psíquico, ou seja, constante aprimoramento moral e espiritual.

personagens do diálogo:

Timeu, Crítias, Sócrates, Hermócrates

Timeu: Com que contentamento, Sócrates, findo agora a prolongada marcha de meu discurso, tal como um viajante que se dispõe a descansar após uma longa viagem de incerteza. E agora ergo minha prece a esse deus que foi há pouco criado por meu discurso,[1] embora na realidade obra já antiga, para que conceda a preservação de tudo que dissemos acertadamente, e se, sem que fosse nossa intenção, produzimos alguma melodia de notas dissonantes, que nos imponha a justa punição. Ora, a justa punição consiste em tornar afinado aquele que está desafinado. E, assim, no propósito de que no futuro façamos corretamente o discurso sobre a origem dos deuses, suplicamos que ele nos confira o remédio que entre todos os remédios é o mais perfeito e o melhor: entendimento. E tendo feito nossa prece, transferimos a Crítias, conforme nosso acordo,[2] a tarefa de prosseguir na sequência com seu discurso.

---

1. No *Timeu*.
2. Ver *Timeu*, pp. 40, 41.

Crítias: Sim, Timeu, aceito a tarefa. Mas faço agora em meu próprio interesse a mesma solicitação que tu mesmo fizeste no início, quando pediste nossa indulgência diante da magnitude do objeto do discurso que ias empreender. E até reivindico que me seja concedida uma porção maior de indulgência para o discurso que estou na iminência de proferir. Devo admitir que compreendo suficientemente que o que reivindico é positivamente impudente e menos conveniente do que deveria ser, porém, apesar disso, tenho que agir assim. Quanto à exposição que fizeste, como alguém em seu juízo ousaria negar a excelência de teu discurso? Contudo, tenho de alguma forma que me empenhar em mostrar que o discurso que estais para ouvir requer maior indulgência por conta da maior dificuldade de seu objeto. É mais fácil, Timeu, causar a impressão de estar falando satisfatoriamente sobre deuses a seres humanos do que sobre mortais dirigindo-se a nós. De fato, quando a audiência carece de experiência e é totalmente ignorante relativamente ao objeto do discurso, essa condição favorece grandemente o indivíduo que irá discorrer sobre esse objeto. Estamos cientes de nossa condição quanto ao conhecimento dos deuses. Para tornar mais claro o que quero dizer, rogo que me acompanheis na imediata sequência. Todos os discursos que fizemos inevitavelmente se enquadram decerto na categoria de imitações e representações. Se observarmos como os pintores retratam corpos divinos e humanos do ponto de vista da facilidade ou dificuldade envolvida no sucesso obtido na imitação de seus objetos, segundo a opinião dos apreciadores [de sua arte], perceberemos primeiramente que com referência às terras, montanhas, rios, florestas e o céu inteiro com todas as coisas que nele existem e se movem, nos contentaremos com a capacidade de uma pessoa de representá-los apenas com um modesto grau de semelhança; ademais, na medida em que não dispomos de um conhecimento exato dessas coisas, não submetemos as pinturas a um exame minucioso ou a uma crítica, nos satisfazendo, num exercício de tolerância, com um esboço inexato e enganoso. Todavia, quando um pintor tenta retratar nossos próprios corpos, prontamente percebemos e localizamos a falha de sua representação devido à nossa constante familiaridade e conhecimento de nossos próprios corpos, nos convertendo em severos críticos daquele que é incapaz de reproduzir plenamente todos os detalhes enquanto pontos de semelhança. Ocorre precisamente o mesmo, cabe-nos observar, no que se refere aos discursos: se o objeto do discurso são as coisas celestiais e divinas, contentamo-nos mesmo com um relato detentor de modestíssimo grau de probabilidade, ao passo que se a abordagem é daquilo que é mortal e humano, nosso exame é criterioso e exigente. Por conseguinte, é necessário ser indulgente relativamente a um discurso dado agora sob o impulso do momento na hipótese de não conseguirmos dele fazer uma representação completa e adequada; é preciso admitir que a representação satisfatória de objetos mortais constitui uma tarefa difícil e não fácil. O motivo de haver feito todas essas observações, Sócrates, é eu desejar vos lembrar disso e pleitear uma maior em lugar de uma menor parcela de indulgência para o discurso que estou na iminência de fazer. Se considerais a reivindicação que fiz por esse benefício justa, dignai-vos a concedê-lo de boa vontade.

Sócrates: E por que, Crítias, titubearíamos em concedê-lo? Não! Que, inclusive, tal benefício seja igualmente concedido a

Hermócrates, o terceiro a discursar. De fato, é evidente que mais tarde – e isso não tardará – quando lhe couber falar, ele fará solicitação idêntica a que fizestes. Desse modo, para que lhe seja possibilitado proporcionar um outro preâmbulo, em lugar de ser obrigado a repetir o mesmo, que saiba que quando principiar seu discurso terá de nossa parte essa mesma postura indulgente. Devo, contudo, advertir-te, caro Crítias, que consideres cuidadosamente a inteligência destes teus espectadores e ouvintes. O primeiro dos poetas que aqui competiu arrancou aplausos extraordinários deles, de forma que necessitarás de uma notável parcela de indulgência se te dispões a colocar-te à sua altura.

Hermócrates: Na verdade, Sócrates, essa tua advertência também cabe a mim. De qualquer modo, Crítias, homens sem coragem[3] nunca erigiram um monumento à vitória, de modo que tens que avançar bravamente no teu discurso e, invocando o auxílio de Paion[4] e das musas, mostrar e celebrar a excelência de teus antigos cidadãos.

Crítias: Tu, meu caro Hermócrates, estás posicionado como o último e visto que há alguém postado diante de ti, estás ainda confiante. Mas será a experiência de nossa tarefa que por si só a ti esclarecerá no que tange ao seu caráter. De um modo ou outro, é imperioso que me confie ao teu conforto e encorajamento, invocando além dos deuses mencionados por ti todos os demais e, particularmente, Mnemosine,[5] já que praticamente tudo que há de sumamente importan-

---

3. ...αθυμουντες ανδρες... (*athymoyntes andres*).
4. ...Παιωνα... (*Paiona*), o deus Apolo no seu aspecto de deus ligado à cura e à medicina.
5. ...Μνημοσυνην... (*Mnemosynen*), a deusa da memória e mãe de todas as nove musas.

te em nosso discurso está nas mãos dessa deusa; de fato, estar seguro de ter me apresentado aos olhos desta audiência como tendo cumprido adequada e condignamente minha tarefa dependerá exclusivamente de ser capaz de lembrar-me suficientemente do que uma vez foi narrado pelos sacerdotes e aqui trazido por Sólon. Agora, portanto, o que me cabe é imediatamente empreender a tarefa sem mais delongas.

Devemos começar lembrando que nove mil anos[6] constitui o número total de anos desde que ocorreu, como está registrado, a guerra entre os povos que habitavam além das colunas de Héracles[7] e todos os que habitavam dentro de seus limites. Essa guerra deve ser agora relatada pormenorizadamente. Foi afirmado que nossa cidade[8] liderou um dos lados[9] e que lutou durante toda a guerra, enquanto no outro lado o comando foi dos reis da ilha de Atlântida que, conforme dissemos,[10] numa época foi maior do que a Líbia[11] e a Ásia, mas atualmente, devido à ação de terremotos, jaz submersa e formou uma barreira constituída por um mar de lama não navegável que impede que sigam avante os navegantes que daqui partem rumo ao oceano. No tocante aos muitos povos bárbaros e todos os povos gregos então existentes, a continuação de nosso relato ao ser, por assim dizer, desenrolada, irá revelar o que surgiu e aconteceu em cada local. Temos,

---

6. Cf. *Timeu*, pg. 34.
7. Estreito de Gibraltar.
8. Atenas.
9. Presume-se que o dos povos que viviam nas regiões banhadas pelo Mar Mediterrâneo.
10. Cf. *Timeu*, pp. 36, 37, 38.
11. África.

contudo, inicialmente que dar primazia à descrição dos fatos relativos aos atenienses daquela época e aos inimigos que combateram, nos atendo ao poderio militar de cada um e às suas formas de governo. E nesse sentido nosso relato deve priorizar nosso Estado.

Numa certa era, toda a Terra foi dividida em porções pelos deuses com base em suas regiões – tendo isso ocorrido sem disputa. De fato, não seria plausível supor que os deuses ignoravam o que era próprio a cada um, bem como não seria correto afirmar que embora soubessem o que cabia a justo título aos outros, alguns deles procurassem disso se apoderar para si mesmos por meio de discórdia. Assim, cada um recebendo um justo lote de terra, começaram a estabelecer seus países. Uma vez estabelecidos os países, principiaram a nos criar, como pastores criam seus rebanhos, fazendo de nós seus rebanhos e lactentes. Todavia, não constrangiam nossos corpos mediante força física, como pastores que guiam seus rebanhos por meio de golpes de seu bordão; pelo contrário, dirigiam-nos por aquilo pelo que o ser vivo o mais facilmente muda de curso: à medida que executavam seus próprios planos, dirigiam-nos a partir da popa, como se aplicassem à alma o timão da persuasão. E tal como timoneiros que dirigem seus navios, dirigiam tudo que é mortal. Ora, enquanto em outras regiões outros deuses recebiam seus lotes e administravam seus negócios, Hefaístos e Atena, sendo de natureza comum, irmãos por parte de idêntico pai[12] e nutrindo ambos o amor pela sabedoria e pelas artes, assumiram como sua porção conjunta

---

12. Zeus.

esta nossa terra, por ser com eles naturalmente compatível e apropriada ao cultivo da virtude e do saber; e nela eles instalaram, como nativos, *homens*[13] bons e transmitiram à sua inteligência a forma de governo. Os nomes desses habitantes foram preservados, porém suas obras desapareceram devido ao contínuo aniquilamento de que foram objeto seus sucessores e [também] à duração dos períodos interpostos. De fato, conforme dito anteriormente,[14] a raça que sobreviveu [a esses sucessivos aniquilamentos] nessas ocasiões foi um resto de montanheses analfabetos, que se limitavam a ter ouvido os nomes dos governantes, mas pouco conheciam de suas obras. O que se conclui é que embora transmitissem com satisfação tais nomes aos seus descendentes, não dispunham de conhecimento acerca das virtudes e leis de seus ancestrais, exceto por umas poucas informações sempre obscuras. E, além disso, como eles e seus filhos, no arco de gerações, viveram em meio a dificuldades e carentes de itens necessários à vida, concentraram sua atenção nas suas próprias necessidades, toda a sua conversação girando em torno de como suprir tais necessidades; assim, não demonstraram interesse pelos acontecimentos de eras passadas. De fato, a mitologia e a investigação da antiguidade só visitam as cidades acompanhadas do lazer depois de constatarem que as pessoas já contam com os elementos necessários à vida – jamais o fazem antes.

O resultado foi a preservação dos nomes dos antigos sem suas obras. E a título de prova do que afirmo chamo em

---

13. ...ανδρας... (*andras*).
14. Cf. *Timeu* pg. 32 e seguintes.

meu apoio a declaração de Sólon de que os sacerdotes egípcios fizeram menção da maioria desses nomes ao descreverem a guerra relativa a esse período, nomes tais como o de Cécrops, Erechteu, Erichtônio, Erisichton, incluindo além desses a maioria dos demais nomes registrados dos diversos heróis que antecederam Teseu; e analogamente também os nomes das mulheres. Que se observe, ademais, a postura e imagem[15] da deusa[16]. {*Naquele tempo o treinamento bélico de mulheres e homens era comum, razão pela qual as pessoas de então confeccionaram a estátua da deusa armada com o fito de refletir esse costume antigo*},[17] como um indício de que todas as espécies de seres vivos que vivem juntos em rebanho, incluindo fêmeas e machos, são capazes de exercer em comum a excelência peculiar a cada espécie.

Ora, naquele tempo neste país não habitavam somente as outras classes de cidadãos que se ocupavam do artesanato e da produção alimentícia com base na terra; também aqui se achava a classe guerreira, que fora no início separada dessas outras classes por ação de homens de natureza divina, e que vivia à parte.[18] Era suprida de tudo que requeria tanto seu sustento quanto sua educação; não havia propriedade privada entre nenhum de seus integrantes, todos encarando o que possuíam como propriedade comum a

---

15. ...αγαλμα... (*agalma*), imagem geralmente sob forma de pintura, escultura ou monumento. Neste caso, uma estátua.
16. Atena.
17. { } Este período entre chaves e em *itálico* aparece entre colchetes no texto estabelecido por Möllendorff. R. G. Bury o omite, enquanto Diskin Clay, traduzindo o texto de John Burnet, o mantém.
18. Cf. *Timeu* pg. 35.

todos; reclamavam dos demais cidadãos receber tão-só o necessário ao seu sustento, ou seja, o suficiente para viverem. Por outro lado, dedicavam-se a todas as atividades mencionadas ontem,[19] quando descrevemos os guardiões[20] por nós propostos. Consideremos, ademais, que o relato sobre nosso país teve o teor do plausível e verdadeiro,[21] a saber, que, para começar, suas fronteiras eram então delimitadas pelo Istmo[22] e, em terra firme estendiam-se aos cumes de Citaeron e Parnes; e descendo rumo ao leste, as fronteiras se estendiam à região da Orópia à direita, e na direção do mar eram definidas pelo rio Asopo à esquerda;[23] que nossa terra superava a todas as outras em matéria de excelência,[24] o que realmente a capacitava naquela época a sustentar um grande exército que estava dispensado de lavrar a terra. De sua excelência constitui prova expressiva o seguinte: o que agora resta de nosso solo é capaz de rivalizar com qualquer outro quanto à produtividade, qualidade e abundância de suas colheitas, bem como no que toca à pastagem proporcionada a todas as espécies de animais. Naquela época, porém, sua elevada qualidade somava-se à enorme quantidade do que produzia. Ora, seria de se indagar: como pode ser isso digno de crédito e qual resto da terra então existente é suscetível de corrobo-

---

19. Cf. *Timeu* pg. 23 e *A República*, 376c e segs.
20. ...φυλακων... (*fylakon*).
21. Alusão ao relato dos sacerdotes egípcios.
22. Ou seja, o istmo de Corinto.
23. *Citaeron*: montanha entre a região da Ática e a Beócia; *Parnes*: a cordilheira entre a região da Ática e a Beócia; *Orópia* ou *Oropos*: cidade situada no litoral leste da Grécia central; *Asopo*: rio da Beócia.
24. ...αρετη... (*arete*), ou seja, aqui excelência da terra no sentido de *fertilidade*.

rar tal verdade? A partir de seu interior, toda essa terra se estende por uma longa distância rumo ao mar, como a se destacar como um promontório do resto do continente; e toda a bacia marítima circundante parece possuir grande profundidade. Assim, como ocorreram muitos grandes dilúvios no período de nove mil anos, sendo este o número de anos que separa aquele tempo do presente, o solo, o qual tem sofrido contínua erosão a partir das regiões altas (ao longo dessas eras e dilúvios), não formou consideráveis depósitos, como aconteceu em outras regiões, revelando-se objeto de um deslizamento incessante e desaparecendo nas profundezas. Analogamente ao que sucede em ilhotas, o que resta atualmente, se comparado ao que existia naquela época, é semelhante ao esqueleto de um corpo enfermo, tendo se consumido toda a terra fértil e macia para deixar tão-só um despido corpo esquelético. Naqueles dias, contudo, nossa terra estava intacta, possuindo como elevações montanhosas altas colinas aráveis, e em lugar do terreno pedregoso,[25] como é chamado hoje, continha planícies de solo fecundo; e como pode ser evidenciado ainda atualmente, possuía muitas florestas nas montanhas. De fato, há no presente algumas montanhas que se limitam a proporcionar alimento para abelhas, mas não faz muito tempo ali cresciam árvores. Podem-se encontrar ainda intactas as vigas cujo corte procede da derrubada dessas árvores, e que foram destinadas à cobertura das maiores construções. Além disso, houve muitas espécies de árvores altaneiras cultivadas e que supriam pastagem ilimitada para os re-

---

25. ...φελλεως... (*felleos*). Platão se refere à Φελλευς (*Felleys*), região rochosa e árida da Ática.

banhos. Somemos a isso as chuvas anuais de Zeus,[26] as quais não eram perdidas como o são agora que fluem do solo infecundo para o mar; pelo contrário, o solo de então era profundo, absorvia a água da chuva e a armazenava ao formar um reservatório graças a uma cobertura de solo argiloso acima; na sequência, à medida que distribuía nas cavidades a água que absorvera das regiões elevadas, gerava uma copiosa corrente de água para o suprimento de fontes e rios de todas as regiões, havendo ainda hoje santuários junto a essas fontes antigas que atestam a verdade do que dizemos presentemente acerca desta terra.

Tal era a condição natural do campo, o qual era cultivado, como se pode esperar, por autênticos agricultores que faziam da agricultura sua exclusiva ocupação; e que eram, além disso, indivíduos aficionados da beleza e de natureza verdadeiramente nobre, além de possuidores de uma terra de máxima excelência e de água em abundância, somando-se a isso, acima da terra, estações caracterizadas por um clima favoravelmente temperado. No tocante à cidade, sua disposição naquela época é como passo a descrever na sequência. Em primeiro lugar, a acrópole de então era diferente do que é hoje. Uma única noite de chuva torrencial, subtraindo o seu solo, a desagregou por completo durante a ocorrência concomitante de terremotos por ocasião da terceira inundação desastrosa que foi anterior ao dilúvio destruidor no tempo de Deucalião.[27] Num passado mais

---

26. ...Διος... (*Dios*): não esqueçamos que Zeus é, entre outras coisas, o senhor dos elementos atmosféricos, como o relâmpago, o raio, o trovão e a chuva.
27. Cf. *Timeu* pg. 31.

remoto, a acrópole estendia-se ao Erídano[28] e ao Hiliso,[29] encerrando em seu interior o Pnix,[30] tendo o Licabetos[31] como sua fronteira dando para o Pnix; o solo era farto nessa região e, salvo por um pequeno trecho, nivelado na sua parte superior. Fora dela,[32] abaixo de seus declives, viviam os artesãos e os agricultores que tinham suas terras nas imediações. No alto vivia isolada a classe dos guerreiros, suas moradas estando situadas em torno do santuário de Atena e Hefaístos; [a região habitada por eles] era circundada por uma única cerca circular, a qual formava, por assim dizer, o recinto cercado de uma só morada. No extremo lado norte haviam instalado suas habitações comuns, os refeitórios de inverno para as refeições comuns e todas as construções necessárias para a sua vida em comunidade e a dos sacerdotes. Entretanto, todos eles não possuíam ouro ou prata, do que absolutamente não se serviam;[33] pelo contrário, visavam a mediania entre a ostentação e a mesquinhez, e construíram moradias bem ordenadas e de bom gosto nas quais tanto eles quanto os filhos de seus filhos envelheceram, transmitindo-as inalteradas aos descendentes que a eles se assemelhavam. Quanto às partes ao sul [da acrópole], quando desocupavam seus jardins, ginásios e refeitórios de refeições comuns, como era natural fazerem no verão, empregavam-nos com esses objetivos. Próximo

---

28. ...Ηριδανον... (*Eridanon*), regato situado no lado norte de Atenas.
29. ...Ιλισον... (*Ilison*), regato situado no lado sul de Atenas.
30. Πνυξ (*Pnyx*), embora Platão empregue aqui a forma ...Πυκνα... (*Pykna*), colina a oeste da acrópole.
31. ...Λυκαβηττον... (*Lykabetton*), grande colina ao nordeste de Atenas.
32. Isto é, da acrópole.
33. Cf. *A República*, Livro III, 416d-e e 417a.

ao ponto em que se situa hoje a presente acrópole havia uma fonte, da qual tudo que herdamos são alguns gotejamentos nos arredores, já que foi soterrada pelos escombros produzidos pelos terremotos. Todavia, para a gente daquele tempo ela oferecia uma corrente abundante, satisfatoriamente temperada, ou seja, que não era nem demasiado fria no inverno, nem demasiado quente no estio.

Assim viviam eles, portanto, servindo como guardiões de seus próprios cidadãos e líderes do resto dos gregos, que os acatavam voluntariamente; e cuidavam para que sua população – tanto de homens quanto de mulheres que não eram nem jovens demais nem velhos demais para lutar – permanecesse, na medida do possível, estável, a saber, cerca de 20.000 pessoas.

Assim foi que esses indivíduos, detentores do caráter que descrevemos e invariavelmente justos administradores, dessa maneira, quer de sua própria terra, quer da Hélade, foram famosos por toda a Europa e a Ásia, tanto por sua beleza física quanto pela completude de suas qualidades espirituais e mentais, sendo eles os mais prestigiados indivíduos em vida do seu tempo. E agora, se não tivermos perdido a lembrança do que ouvimos quando ainda meninos, iremos abertamente comunicar a todos vós, como amigos, a história daqueles que guerrearam contra eles, de como era seu Estado e a respeito de sua origem.

Antes de principiar minha narrativa, porém, é necessário que explique um ponto a fim vos poupar de um certo espanto à medida que ouvirdes amiúde nomes gregos aplicados a homens bárbaros. Conhecereis agora a causa disso. Tendo Sólon planejado compor sua própria versão poética dessa história, ao investigar o significado dos nomes descobriu que os egípcios que primeiramente os haviam registrado os tinham traduzido para sua própria língua. Diante disso, ele próprio, por sua vez, efetuou a tarefa de recuperação do sentido original de cada nome, devolvendo-os à nossa língua, que foi como os escreveu. Meu avô estava de posse desses mesmos escritos, os quais estão atualmente comigo. Quando criança, examinei-os com cuidado e os decorei todos. Portanto, se os nomes que ireis ouvir soarem como nomes locais não será mais o caso de vos espantardes de modo algum, pois agora sabeis a causa disso. A narrativa então feita era longa e seu início corresponde aproximadamente ao que se segue.

Tal como foi afirmado anteriormente no que respeita ao quinhão dos deuses,[34] em algumas regiões eles dividiram a totalidade da Terra em lotes maiores, ao passo que em outras a divisão foi em menores; paralelamente estabeleceram para si próprios santuários e sacrifícios. Coube a Poseidon[35] a ilha da Atlântida, onde ele instalou os filhos que havia gerado com uma mulher mortal numa região da ilha que me disponho a descrever.

Fazendo limite com o mar e estendendo-se pelo centro de toda a ilha havia uma planície da qual se disse ter sido a mais bela de todas as planícies, bem como sumamente fértil; perto dessa planície e [também] no centro da ilha, a uma distância de cerca de cinquenta estádios,[36] havia uma colina

---

34. Pg. 166.
35. Filho do titã Cronos e de Reia; irmão de Deméter, Héstia, Hera, Hades (Plutão) e Zeus.
36. Um estádio (medida de comprimento) corresponde a por volta de 180 m e, portanto, Platão está falando de cerca de 9 km.

plana e uniformemente baixa, onde habitava um dos homens nativos nascidos da terra,[37] de nome Evenor,[38] com sua esposa Leucipe; e a progênie deles se restringia a uma única filha, Cleito. Ora, quando essa menina tornou-se uma jovem virgem em idade de casar, faleceram tanto sua mãe quanto seu pai. Foi nessa ocasião que Poseidon, inflamado de desejo pela jovem, deitou-se com ela. E almejando tornar a colina em que ela habitava inexpugnável, ele a partiu formando um círculo, criando cinturões circulares alternantes de mar e terra ao seu redor, construindo alguns mais largos, enquanto outros mais estreitos. Compôs dois cinturões de terra e três de mar, por ele esculpidos como se fosse a partir do meio da ilha, e perfeitamente equidistantes em todos os lados, de forma a tornar a colina inacessível aos seres humanos; de fato, naquela época inexistiam tanto embarcações quanto a náutica. E o deus, pessoalmente, com a facilidade que era de se esperar de uma execução divina, ordenou a ilha que ele construíra no centro, fazendo brotar de sob a terra duas fontes de água, uma que fluía quente a partir de sua nascente, a outra fria. E da terra ele produziu fartamente todas as variedades de alimento. Gerou então cinco pares de filhos-homens gêmeos e os criou até alcançarem a virilidade. E uma vez dividida a ilha inteira da Atlântida em dez porções, destinou ao primogênito de seus filhos mais velhos[39] a morada da mãe deste e todo o lote que a circundava, que constituía o maior e melhor de todos; e fez dele o rei dos demais, dos quais, por seu turno, fez governantes, conce-

---

37. Cf. pg. 167.
38. ...Ευηνωρ... .
39. Ou seja, do primeiro grupo de filhos gêmeos.

dendo a cada um o governo sobre muitos seres humanos e uma grande extensão de terra.

E a todos eles deu nomes. Ao filho mais velho e rei atribuiu ele o nome do qual toda a ilha e o mar que a circundava fizeram derivar seus nomes, isso porque se tratou do primeiro rei daquela época; Atlas foi seu nome, a ilha denominada Atlântida e o mar Atlântico em conformidade com Atlas. Quanto ao nome do irmão-gêmeo mais jovem, que recebera como sua porção o promontório da ilha, nas proximidades das *colunas de Héracles*[40] até a região do país agora[41] chamada de Gadeira com base no nome dessa região, era Eumelos[42] em grego, embora na língua nativa Gadeiros, fato que pode ter conferido o título ao país. Os dois irmãos do segundo par ele chamou de Anferes e Evaimon; e no que toca ao terceiro par, o mais velho foi chamado de Mnéseas e o mais novo de Autóctone; quanto ao quarto par, chamou o primeiro filho de Elasipo e o segundo de Mestor; e no que se refere ao quinto par, o nome Azaes foi conferido ao mais velho e a Diaprepês ao segundo. Todos esses indivíduos, bem como seus descendentes, habitaram a ilha por muitas gerações, governando [inclusive] muitas outras ilhas ao longo do mar,[43] tendo estendido seu governo, como foi

---

40. ...Ἡρακλείων στηλῶν... (*Erakleion stelon*), colunas de Hércules, ou seja, os dois pontos em terra cuja ligação forma o atualmente denominado estreito de Gibraltar.
41. *Ou seja*, no tempo de Crítias e Sócrates.
42. ...Εὐμηλον....
43. Ou seja, o Atlântico.

anteriormente afirmado,[44] sobre os povos do Mediterrâneo até o Egito e a Tirrênia.[45]

A raça de Atlas cresceu expressivamente e deu origem a filhos ilustres; o mais velho como rei transferia o cetro ao seu primogênito, com o que ao longo de muitas gerações a soberania foi preservada por eles. E a riqueza que possuíam foi de tal proporção que acúmulo semelhante jamais fora visto antes em qualquer casa real, ou dificilmente será visto no futuro; e se muniam de tudo que necessitavam, tanto na cidade quanto no resto do país. De fato, por conta de seu império, era grande o volume do que recebiam do exterior, devendo-se considerar inclusive que a própria ilha os supria da maioria dos itens necessários à vida cotidiana, a começar pelos metais, tanto rígidos quando fundíveis, que constituíam o produto da mineração, inclusive aquele tipo de metal que hoje não passa de um nome, mas que naquela época era mais do que um nome, havendo muitas minas na ilha onde o minério desse metal era extraído. Refiro-me ao oricalco,[46] que, depois do ouro, era naquela época o mais precioso dos metais conhecidos. [A ilha] também produzia fartamente todas as madeiras cujas árvores de uma floresta podem oferecer para o trabalho dos carpinteiros. No que respeita à vida animal, existia em quantidade suficiente, tanto de animais domésticos quanto selvagens. Deve-se mencionar, ademais, que [a ilha] abrigava uma grande população de elefantes, posto haver disponibilidade de larga fonte de pas-

---

44. Cf. *Timeu*, pg. 37.
45. Isto é, Etrúria.
46. ...ορειχαλκου... (*oreikhalkoy*), "cobre da montanha", uma espécie de cobre que podemos identificar provavelmente com o latão.

to não só para todos os demais animais que frequentavam brejos, lagos, rios, além de montanhas e planícies, como também igualmente para esse animal específico, que é o maior de todos e o que mais consome alimento. A se somar a tudo isso, [a ilha] produzia e aperfeiçoava todas as essências odoríferas que a terra produz atualmente, com base em raízes, ervas ou árvores, ou gomas derivadas de flores ou frutos. Também o fruto cultivado,[47] bem como o seco[48] de que vivemos, e todos os outros tipos que empregamos como nosso alimento – espécies variadas que chamamos em geral de "legumes", bem como todos os produtos de árvores que nos suprem de alimento líquido e sólido, e azeites, e os frutos de pomares, de difícil armazenagem, cultivados em prol do divertimento e do prazer, e todas as frutas secas por nós servidas como medicamentos para alívio daqueles que se fartaram de alimento – todos esses aquela ilha sagrada, na sua postura de então sob o sol, produzia numa manifestação de inefável beleza e infindável profusão. E recebendo todos esses produtos da terra, proveram seus santuários e palácios, seus portos e estaleiros, e [introduziram melhorias] em todo o resto de seu país, tudo organizando da maneira que se segue.

Primeiramente, construíram pontes ligando os cinturões circulares do mar que circundavam a antiga cidade principal, constituindo com isso uma estrada de ida e volta do palácio. Esse palácio fora edificado logo no começo por oca-

---

47. Referência à uva.
48. Referência aos cereais.

sião da instalação inicial executada por seu deus[49] e seus ancestrais; e toda vez que um rei o herdava de seu predecessor, ele aprimorava mais ainda sua beleza, fazendo tudo ao seu alcance para superar o rei anterior, até esse palácio ser transformado numa morada deslumbrante ao olhar, por conta da grandeza e beleza da construção. A propósito, começando no mar, eles construíram mediante perfuração um canal através do cinturão circular mais externo, o qual tinha três pletros[50] de largura, cerca de 31 m de profundidade e cinquenta estádios[51] de extensão; dessa forma, construíram para ele a entrada a partir do mar ao interior como se fora a entrada de um porto, produzindo uma abertura suficientemente ampla para permitir a navegação dos maiores navios. A isso cumpre acrescentar que os cinturões de terra que separavam os do mar foram perfurados à altura das pontes, realizando sua união por água e resultando num canal suficientemente largo para a passagem de uma só trirreme; esse canal foi provido de um teto a título de proteção da travessia dos navios, posto que as muralhas do canal através dos cinturões terrestres eram suficientemente altas do mar para a ponte acima para permitir a passagem dos navios por baixo. O maior dos cinturões no qual foi feita uma escavação, criando a passagem do mar, tinha três estádios[52] de largura, enquanto o próximo cinturão de terra era de igual largura. E quanto ao segundo

---

49. Isto é, Poseidon.
50. Medida de comprimento: um *pletro* corresponde a cerca de 30 m (1/6 do estádio).
51. Cada estádio corresponde a cerca de 180 m, de modo que o autor está falando de cerca de 9 km.
52. Cerca de 540 m.

par de cinturões, o de água media dois estádios[53] de largura e o de terra seca o mesmo; e o cinturão de água que fluía em torno da ilha central tinha um estádio de largura. Essa ilha, na qual estava situado o palácio, tinha o diâmetro de cinco estádios.[54] Ora, a ilha, os cinturões e a ponte, esta com um pletro[55] de largura, foram por eles circundados num lado e outro por uma muralha de pedra; construíram, ademais, torres e comportas no ponto de cruzamento das pontes sobre os cinturões circulares de água. No que tange à pedra, foi por eles extraída e lavrada procedente de sob todo o entorno da ilha central e de sob os cinturões circulares externos e internos. Dispunha-se de três cores de pedra: branca, preta e vermelha. Durante o período em que a extraíram e lavraram, construíram dois estaleiros internos na rocha nativa abrigados pela pedra da própria pedreira. No que respeita aos edifícios, alguns foram erigidos de pedras de uma única cor, enquanto outros foram contemplados com um padrão multicolorido obtido pela combinação das pedras, concorrendo para a ornamentação, de modo a conferir às edificações um encanto natural. E eles revestiram de bronze, como se fora de um emplastro, todo o circuito da muralha circundante do cinturão circular mais externo; quanto ao circuito da muralha interna, foi por eles revestido de estanho; e o circuito da muralha em torno da própria acrópole foi revestido com oricalco, que emitia centelhas como fogo.

---

53. Cerca de 360 m.
54. Cerca de 900 m.
55. Cerca de 30 m.

A disposição do palácio real no interior da acrópole ocorreu nos moldes que se seguem. Havia no centro um santuário consagrado a Cleito e Poseidon, ambiente reservado cujo ingresso era interdito a todos e, aliás, circundado por um muro de ouro; fora ali que no princípio eles[56] haviam gerado e trazido à luz a raça dos dez reis. Era a esse santuário que cada um dos dez lotes designados se dirigia para oferecer, num festival anual, os primeiros frutos da estação a esses príncipes iniciais. E o santuário do próprio Poseidon tinha um estádio de extensão, três pletros de largura e uma altura que dava a impressão de ser proporcional à extensão e largura, mas que possuía algo de bárbaro em sua aparência. Eles revestiram todo o exterior do santuário, exceto os pináculos, de prata, empregando o ouro no revestimento desses últimos. No que diz respeito ao interior, apresentava um teto de marfim marchetado com ouro, prata e oricalco; quanto ao resto das paredes, colunas e pisos, o oricalco serviu de revestimento. Instalaram estátuas de ouro no santuário, entre as quais uma do deus em pé, numa biga, conduzindo seis cavalos alados, a figura do deus tão alta a ponto de atingir o cume do teto e ao seu redor uma centena de nereidas[57] cavalgando golfinhos, visto ser esse, segundo a crença dos seres humanos daquela época, o número das nereidas; e o santuário também encerrava muitas outras estátuas, que constituíam oferendas votivas de pessoas particulares. Externamente, em torno do santuário, estavam erigidas estátuas de ouro de todos os descendentes dos dez

---

56. Ou seja, Poseidon e Cleito.
57. Divindades menores equivalentes às ninfas, mas associadas ao mar e não aos lagos, rios etc., como suas congêneres.

reis e suas esposas, juntamente com muitas outras oferendas votivas tanto dos reis quanto de pessoas particulares não só procedentes do próprio Estado,[58] como também de países estrangeiros submetidos [ao governo da Atlântida]. O altar equiparava-se em tamanho e no profuso artesanato às suas imediações. Também o palácio era tal de forma a se coadunar com a grandeza do reino e com o esplendor dos santuários ou templos.

As fontes de que se serviam, uma de água fria e a outra de água quente, apresentavam um fluxo copioso e cada uma se prestava maravilhosamente ao seu uso por conta do prazer de beber que proporcionava e a excelência de suas águas. Essas fontes eram rodeadas de prédios e plantações de árvores que se compatibilizavam com as águas. Também providenciaram a construção de reservatórios em torno das fontes, alguns a céu aberto, mas outros cobertos destinados a prover banhos quentes no inverno; os reservatórios reservados aos reis eram separados daqueles dos indivíduos particulares, além de haver também reservatórios reservados às mulheres, outros a cavalos e todos os demais animais de carga, cada tipo sendo construído apropriadamente para atender ao seu uso característico. A água transbordante era conduzida ao bosque sagrado de Poseidon, onde havia árvores de todos os tipos, de extraordinária beleza e altura devido à fertilidade do solo do bosque; também providenciaram, mediante a construção de canais que cruzavam ao longo das pontes, para que os cinturões circulares terrestres exteriores também fossem irrigados.

---

58. Isto é, da Atlântida.

Nesse ponto foram construídos templos de muitos deuses, além de grande quantidade de jardins e de ginásios em cada um dos cinturões circulares da ilha, alguns para *homens*, mas também algumas áreas de exercícios para cavalos; e destacava-se no centro da *maior das ilhas*[59] uma pista de corrida para cavalos, de um estádio de largura e que se estendia circularmente em torno do cinturão inteiro, reservado para competições hípicas. Os alojamentos da maioria dos membros da guarda palaciana[60] estavam situados a cada lado da pista de corridas central; entretanto, a caserna dos membros mais confiáveis da guarda foi instalada no cinturão menor, o qual ficava mais próximo da acrópole; quanto aos membros de máxima confiança entre todos, foi-lhes concedidas moradias na própria acrópole, em torno das moradias dos próprios reis.

Os estaleiros eram repletos de trirremes e de todos os acessórios pertinentes e necessários [a essas embarcações], permanecendo estas largamente equipadas.

Tal era a situação em torno da moradia dos reis. Após cruzar os três portos exteriores, topava-se com uma muralha que partindo do mar circundava o maior dos cinturões terrestres em todos os lados a uma distância uniforme de cinquenta estádios[61] a partir dele e seu porto, e suas extremidades convergiam na abertura do canal que dava para o mar. Numerosas casas estavam construídas muito próximas entre si sobre toda essa muralha, ao passo que o maior

---

59. Ou seja, do maior dos cinturões circulares terrestres.
60. ...δορυφορων... (*doryforon*), literalmente *portadores de uma lança*.
61. Cerca de 9 km.

porto para mar aberto mantinha-se apinhado de embarcações e mercadores oriundos de todas as partes do mundo; o efeito do movimento dessa multidão [colossal] era um clamor e um tumulto que podiam ser ouvidos incessantemente dia e noite.

Bem, no que toca à região urbana e às cercanias da antiga morada, quase completamos a descrição, com base no que foi disponibilizado originalmente. Cabe-nos, na sequência, empenharmo-nos na rememoração do resto do país, no como era sua natureza e de que forma foi ordenado com vistas ao melhoramento. Primeiramente, portanto, em conformidade com o relato, todo o lugar se elevava abruptamente a partir do mar alcançando uma grande altura, mas a região ao redor da cidade consistia inteiramente numa planície circundada por uma cadeia de montanhas que se estendia até o mar; essa planície apresentava uma superfície plana e não-acidentada, tendo, como um todo, a forma retangular; media três mil estádios de comprimento[62] em cada lado e dois mil estádios de largura[63] no seu centro, medindo-se em sentido ascendente a partir do mar. A inclinação da ilha era para o sul, estando ao abrigo dos ventos do norte. Quanto às montanhas que circundavam a planície, tornaram-se naquela época célebres superando tudo que existe atualmente devido à sua quantidade, tamanho e beleza. Em seus declives e vales havia muitos povoados populosos e ricos de camponeses, e rios, lagos e prados que forneciam grande quantidade de alimento

---

62. Por volta de 540 km.
63. Por volta de 360 km.

a todos os animais domésticos e selvagens, além de árvores de dimensões e tipos variados, que supriam acima da suficiência as necessidades de madeira determinadas por construções e todo tipo de uso.

A consequência da ação da natureza associada àquela de muitos reis ao longo de muitas eras foi a mudança da condição dessa planície nos termos que passamos a indicar. Era ela originalmente um quadrilátero, majoritariamente retilíneo e alongado; ora, o que lhe faltava dessa forma eles retificaram mediante a escavação de um grande canal ao seu redor. No que tange à profundidade, largura e extensão desse canal, as dimensões indicadas pelo relato nos inclinam ao descrédito se considerarmos que ele foi obra de mãos humanas e tão imenso se comparado a outros projetos de construção. Todavia, nossa obrigação é relatar o que ouvimos, ou seja: foi escavado à profundidade de um pletro[64] e a uma largura uniforme de um estádio;[65] ora, considerando-se que foi escavado por toda a planície, sua extensão era, consequentemente, de dez mil estádios.[66] À medida que recebia as correntes que desciam das montanhas e que essa corrente circulava e atingia a cidade dos dois lados, o canal permitia que a água acabasse por despejar-se no mar. No interior, foram perfurados canais em linha reta a partir da cidade de cerca de 31 m de largura, na longitudinal da planície, e esses canais despejavam seus volumes de água no grande canal dando para o mar, sendo de cem

---

64. Cerca de 30 m.
65. Cerca de 180 m.
66. Isto é, por volta de 1.800 km.

estádios[67] a distância de um para outro. Era desse modo que transportavam para a cidade a madeira proveniente das montanhas, bem como em barcos os produtos da estação, cortando passagens transversais de um canal para o seguinte, e inclusive para a cidade. Suas colheitas eram duas por ano, recorrendo eles às chuvas de Zeus no inverno e às águas que brotam da terra no verão, conduzindo as correntes provenientes dos canais.

Quanto ao contingente de homens a servir na guerra, foi determinado que cada lote deveria contribuir com um homem na qualidade de líder de todos os homens da planície aptos a portar armas; por outro lado, o tamanho do lote correspondia a cerca de dez vezes dez estádios, o número completo de lotes sendo sessenta mil; quanto à população das regiões montanhosas e do resto do país, era incalculável por ser grande demais, porém era toda distribuída, de acordo com suas regiões e povoados, nesses lotes, servindo sob o comando de cada um de seus líderes. Estava determinado que cada líder deveria fornecer, em caso de guerra, uma sexta parte do equipamento de uma biga de guerra, contribuindo assim para uma força total de dez mil bigas, ao que tinha que adicionar dois cavalos, dois cavaleiros, um par de cavalos sem biga, e o complemento de um combatente munido de um pequeno escudo, além do que para atuar como auriga (condutor de biga) um cavaleiro capaz de saltar de um cavalo para outro, dois *hoplitas*,[68] dois arqueiros e dois arremessadores de projéteis fazendo uso da funda;

---

67. Cerca de 18 km.
68. ...οπλιτας... (*oplitas*), guerreiros de infantaria munidos com armas pesadas.

[ainda] três guerreiros portando armas leves como a funda para arremesso de pedras e três guerreiros arremessadores de dardos. Também lhe cabia contribuir com quatro marinheiros para a formação da tripulação [total] de mil e duzentos navios. Eram tais, portanto, as disposições militares de caráter bélico da cidade real; quanto às outras nove [cidades], as disposições eram variáveis em muitos aspectos, o que exigiria muito tempo para ser descrito.

No que concerne às magistraturas e cargos de honra, desde o início a disposição foi a seguinte: cada um dos dez reis, em sua porção particular e nos domínios de sua própria cidade, governava tanto homens[69] quanto a maioria das leis,[70] podendo punir e decretar a pena de morte em relação a qualquer pessoa segundo desejasse. Entretanto, a autoridade que exerciam entre si e seu império comum eram regulados pelas leis de Poseidon, tais como transmitidas pela tradição e de acordo com um registro que os primeiros reis haviam inscrito numa coluna de oricalco instalada no centro da ilha, no interior do santuário de Poseidon; aí eles se reuniam a cada cinco anos, e então alternadamente a cada seis anos, tratando com igualdade o ordinário e o extraordinário;[71] por ocasião dessas reuniões, deliberavam acerca de negócios públicos e instauravam um tribunal para determinar se algum deles violara a lei e, em caso afirmativo, procediam ao julgamento. E quando estavam na imi-

---

69. ...ανδρων... (*andron*), mas leia-se habitantes ou súditos.
70. Isto é, era ele próprio que criava, reformava ou abolia a maioria das leis, segundo seu próprio critério e vontade.
71. ...τω τε αρτιω και τω περιττω... (*to te artio kai to peritto*), literalmente *o bem proporcionado e o desmesurado*.

nência de julgar, começavam por oferecer garantias recíprocas do feitio que descrevemos na sequência. No santuário de Poseidon havia touros soltos; e os dez reis, isolando-se e depois de orar ao deus para que pudessem capturar o touro que mais o agradasse, se punham a caçá-los com bastões e laços, mas sem qualquer arma de ferro; e qualquer que fosse o touro capturado, eles o levavam à coluna e cortavam sua garganta no alto dela, fazendo gotejar sangue sobre o registro inscrito. Além das leis inscritas sobre a coluna, também havia nela um juramento que invocava terríveis maldições sobre aqueles que as transgrediam. Após terem realizado o sacrifício em conformidade com as leis do ritual, e haverem queimado em consagração os membros do animal, misturando o sangue num grande vaso de mistura,[72] vertiam um coágulo do sangue sobre a cabeça de cada um deles, e uma vez tendo limpado, esfregando-a, a coluna, submetiam o restante do sangue, em purificação, ao fogo. Depois disso, com conchas de ouro eles tomavam do grande vaso e, fazendo a libação sobre o fogo, juravam julgar de acordo com as leis inscritas sobre a coluna e punir quem quer que houvesse cometido qualquer violação a elas desde a sua última reunião; e, ademais, que doravante não transgrediriam voluntariamente nenhuma das disposições dessa inscrição, nem governariam ou se submeteriam a qualquer decreto de um governante que emitisse ordens em desarmonia com as leis de seu pai. E quando cada um [dos reis] fazia esse

---

72. ...κρατηρα... (*kratera*). Como κρατηρ (*krater*) significa também originalmente grande vaso de mistura *especificamente* para mistura de vinho com água, há helenistas que entendem que o que se mistura nesse contexto é vinho (οινος [*oinos*]) e não sangue (αιμα [*aima*]). Embora linguisticamente admissível, a tradução que registramos aqui (preferindo o sentido lato de κρατηρ) nos parece mais congruente.

juramento, no qual envolvia tanto a si mesmo quanto seus descendentes, bebia de sua taça e a oferecia como uma dádiva no santuário do deus; e depois de terem ceado e se dedicado a assuntos necessários, no cair da noite e quando o fogo do sacrifício apagara, todos os reis envergavam mantos negros de aparência sumamente esplêndida, e sentavam no solo ao lado das cinzas da vítima sacrificial por toda a noite, extinguindo todo o fogo que ainda tremeluzia em todo o santuário; e então julgavam ou eram julgados no caso de alguém ter sido acusado de alguma transgressão às leis. E tendo procedido a algum julgamento, este era por eles registrado por escrito, na alvorada, numa placa de ouro, a qual era dedicada por eles juntamente com os mantos como memoriais. E havia muitas outras leis especiais relativas às prerrogativas peculiares dos reis, das quais as mais importantes eram as seguintes: estavam proibidos de tomar armas uns contra os outros e, caso alguém tentasse derrubar sua casa real em qualquer cidade, todos deveriam vir em ajuda e deliberar em comum, como seus ancestrais haviam agido, no que se refere à política de guerra e outras matérias, mas concedendo o comando à família real de Atlas; nenhum dos dez reis detinha o poder de mandar executar qualquer de seus reis-irmãos, exceto mediante o consentimento de mais da metade dos dez.

Tais eram, portanto, a grandeza e o caráter do poder existente então naqueles lugares, poder que o deus reuniu e trouxe até estas nossas regiões com o pretexto que corresponde aproximadamente ao seguinte, de acordo com a narrativa. No arco de muitas gerações, enquanto a natureza divina neles sobreviveu, eles se mantiveram obedientes às suas leis e numa disposição compatível com seu parentesco divino; suas intenções eram verdadeiras e inteiramente nobres; agiam com uma combinação de brandura e prudência diante das adversidades e golpes do acaso que sobrevêm à vida e no seu relacionamento recíproco. Em consequência disso, votavam desprezo a tudo salvo à virtude e pouca importância atribuíam às suas avultadas posses, suportando com facilidade o fardo, por assim dizer, do imenso volume de seu ouro e outros bens; o resultado era sua riqueza não levá-los a uma embriaguez de orgulho que os fizesse perder o controle de si mesmos e se arruinarem; pelo contrário, no seu sóbrio discernimento viam com clareza que todas essas boas coisas são aumentadas graças à amizade geral associada à virtude, ao passo que a busca e veneração ansiosas desses bens não só produzem a diminuição dos mesmos, como também levam com eles de roldão a própria virtude. O resultado dessa forma de pensar e da preservação de sua natureza divina foi toda sua riqueza crescer até atingir a grandeza que indicamos anteriormente. Quando, porém, a porção de divindade neles encerrada principiou a se enfraquecer devido à mistura frequente com uma grande medida de mortalidade, ao mesmo tempo que a natureza humana gradualmente ganhava ascendência, então finalmente eles se viram destituídos de sua decência ao se tornarem incapazes de suportar o fardo de suas posses, e, aos olhos daquele que possui o dom da visão, tornaram-se disformes; de fato, haviam perdido a mais bela de suas posses procedente da mais preciosa de suas partes; todavia, aos olhos dos que não possuem o dom da percepção do que é a vida verdadeiramente venturosa, foi quando, sobretudo, pareceram ser supremamente belos e abençoados, repletos como estavam de um desejo ilícito por posses e por poder. Mas Zeus, o deus dos deuses, aquele que reina pela lei, posto que possui o dom de perceber tais situações com clareza, observou essa nobre raça espojando-se nesse estado abjeto e desejou castigá-la com o objetivo de a tornar mais cuidadosa e harmoniosa. Assim, convocou e reuniu todos os deuses em sua morada, aquela a que honram maximamente, pois situada no centro do universo, e contemplou todas as coisas que participam do vir a ser; e os tendo reunido, assim ele falou:...[73]

---

73. O *Crítias* sofre esta interrupção abrupta, permanecendo inacabado. Ver a *Apresentação*, neste volume.

Este livro foi impresso pela Gráfica Paym
em fonte Minion Pro sobre papel Holmen book 70 g/m²
para a Edipro no verão de 2020.